屯蒙集

朱天助 著

天津出版传媒集团
天津古籍出版社

图书在版编目（CIP）数据

屯蒙集 / 朱天助著. -- 天津 ：天津古籍出版社，2024.12. -- ISBN 978-7-5528-1510-8
Ⅰ. B221.5-53；Z126-53
中国国家版本馆CIP数据核字第2024ZK1325号

屯蒙集
ZHUNMENG JI

朱天助 / 著

出　　版	天津古籍出版社
出 版 人	任　洁
地　　址	天津市和平区西康路35号康岳大厦
邮政编码	300051
邮购电话	（022）23517902
责任编辑	李烁星
封面设计	鞠佳美
印　　刷	北京虎彩文化传播有限公司
经　　销	全国新华书店
开　　本	880毫米×1230毫米　1/32
印　　张	8.5
字　　数	154千字
版次印次	2024年12月第1版　2024年12月第1次印刷
定　　价	58.00元

版权所有　侵权必究
图书如出现印装质量问题，请致电联系调换（022-23517902）

前　言

本书是作者多年来的读书札记，现整理成文，很多观点不免贻笑大方，故取名《屯蒙集》。一共十一篇，以下略叙各篇内容：

第一篇，"《周易》之'易'可释作符号"。"易"的本义是祭祀用的鬯酒，引申为美好的代表符号。《周易》本义即是可普遍使用的符号，符号即卦象。上古卜书之所以称为"易"，就是因为它们有共同的卦象，区别只是在卦爻辞的解说上。卦象可以脱离卜筮成为象征符号，历代学者正是通过重新诠释卦象，而赋予《周易》以各种哲学思想。

第二篇，"辨析《周易》'贞'字之义"。甲骨文借"鼎"字为"贞"，"桢"也是"贞"的假借字，而"鼎"和"桢"均非"贞"字的同源字。甲骨卜辞的"贞"字从其本义，训为卜问；然而《周易》的"贞"字则训为正，用其假借义。"正"即正常而行，包括守静和有规律变化之义。

第三篇，"辨《尚书》'令''命'同字及其本字"。在甲骨文、金文里，"令""命"同字，本义是人们告祝神灵。商代统治者信从天

命,政令出自鬼神意志。周代则以德配天,重视礼俗,"令""命"分化,"令"字专指统治者政令,"命"字则指鬼神祭祀之事。"霝"字是"灵"的本字,本指自然神祇,引申为美好,霝冬即灵终,即今生美好之义;"霝"又可指天空下雨处,引申为中空之义;还可指降雨。"零"则是"霝"的分化字。"令"训作美,则是"霝"的假借字,古书常改"灵"作"令",背后是学者不愿回顾巫官时代的文化心理。

第四篇,"论古书'缁''纯'形讹及其影响"。"缁"和"纯"是先秦礼书常见词,却常作为一对异文出现在关于冠礼和祭祀的文句中。"缁"为黑布或黑帛,而"纯"则为原丝,对二者的不同选择直接影响对典制的诠解。对此,前人有两种观点:一是以郑玄为代表,认为"缁"古字即"纣","纣"和"纯"常形近而讹。但二者可互用,当色不明时,读"缁";当丝不明时,读"纯"。二是以王念孙、王引之为代表,以为二字不相关,"纯"是"黗"之借字,不须改读"缁",也非"纣"之讹。据出土的战国简帛,不仅可看到"缁"的古字即"纣"字,还可了解"纣"与"纯"是如何形近而讹的。综考古书,"纯衣""纯帛""纯冕"之"纯"当皆是"纣"字之讹。

第五篇,"辨《孟子》之'粪田'和'粪''分'通假"。关于《孟子》"百亩之粪"和"粪其田而不足"的两"粪"字,学者众说纷纭。本篇结合甲骨文字形和上古农业史,以为"粪"字的本义与屎尿无关,是清扫灰土和树枝等秽物之义,也可指秽物本身,又引申为整

治、治理。"粪田"则是以草木灰来施田,因为草木灰不仅可作种肥,也可改良土壤和防治病虫害。"粪""分"通假,《论语》"五谷不分"的"分"是"粪"字的假借,训为治理耕种;但"粪土之墙"当从原字解,释为混合草木灰的土墙。

第六篇,"伯唐父鼎铭文考订"。本篇以为伯唐父鼎铭文的考订仍有值得商榷之处,从文字、音韵、训诂的角度重新考订此铭文。

第七篇,"理想化的'周礼'和孔子——论敦煌吐鲁番唐写本《论语郑玄注》的主旨"。通过分析唐写本《论语郑玄注》的内容,说明郑玄注经并非依文解义,而是在建构其理想化的"周礼"和维护孔子圣人的形象。郑玄增礼解经,以附会西周婚嫁礼节;又以"周礼"为经注的标准,用以解释春秋的度量衡和礼制,不顾经义和史实;更以训诂释义的方式来诠释自己对孔子思想的理解。

第八篇,"'礼射'与'礼学'——论郑玄经学思想对礼射注的影响"。郑玄注礼射,并非为还原先秦古射礼,而是为诠释其礼学思想;因此郑玄并不依文解义,而有其方法和思考。学者若仅据经义和他经郑注来更改本经郑注,或仅据原书经义来评价郑注,则不免忽略了郑玄复杂的经学思想。

第九篇,"辨析子注和自注"。子注是汉地佛教注解体例的通名,除了合本子注以外,还可包括其他体例,比如序、义疏、论等。子注还可作为书名,内容上可指佛经讲说汇编。佛教义疏可称子

注,子注又可称子本。自注渊源有自,自注和子注有同有异,并非子注为自注吸收。谢灵运《山居赋》作为赋注典范,当是兼采合本子注体例。唐代以后,中土佛教经论以注或疏代替子注之名,但清儒却将古书注解当作子注。

第十篇,"现存《仪礼要义》珍本题跋辑释"。南宋魏了翁《仪礼要义》宋刊本具有重要的文献校勘价值,清代学者得之互相传抄校勘,并附题跋,今各大图书馆藏此书多种抄本,皆为各馆珍藏善本。今辑释各本所附题跋,不仅可考索传抄本的递藏过程,而且可揭示各本所据底本及校勘价值。

第十一篇,"《直斋书录解题》宋兰挥藏本及校记"。从北京大学所藏李盛铎过录宋兰挥本《直斋书录解题》,可推求陈振孙原书类目的部分编次,补订殿本的脱佚条文,也可校勘殿本的讹舛字句,还可回改殿本的避讳用字,具有很高的学术价值,当引起研究者的重视。鉴于《直斋书录解题》是研究宋前书籍存佚的重要目录学著作,是学者常用书籍,故本篇全部甄录此抄本的异文,从而可与现辑本互相参看。

需要说明的是,本书个别篇目为说解字义,或说明底本用字情况,保留了某些用字的繁体字或异体字字形,敬请读者和专家指正。

目 录

《周易》之"易"可释作符号 …………………………… 001
辨析《周易》"贞"字之义 ……………………………… 014
辨《尚书》"令""命"同字及其本字 …………………… 032
论古书"缁""纯"形讹及其影响 ………………………… 050
辨《孟子》之"粪田"和"粪""分"通假 ……………… 061
伯唐父鼎铭文考订 ………………………………………… 076
理想化的"周礼"和孔子
　　——论敦煌吐鲁番唐写本《论语郑玄注》的主旨 ………… 092
"礼射"与"礼学"
　　——论郑玄经学思想对礼射注的影响 ……………… 124
辨析子注和自注 …………………………………………… 150
现存《仪礼要义》珍本题跋辑释 ………………………… 175
《直斋书录解题》宋兰挥藏本及校记 …………………… 208

《周易》之"易"可释作符号

因为《周易》为群经之首,关于《周易》的名义,历代学者多有解说。《周易》之"周",历来就有两种说法:一是认为"周"指周代,即《周易》是周代的书;二是认为"周"字取普遍之义。孔颖达《周易正义》认为是"因代以称周",此说较合理,故后来注《易》者多从之。但是关于"易"字,则古今歧说甚多。黄寿祺先生曾作《周易名义考》,详举历代各家代表之说,认为《周易》的名义应区分本义和后起义。《易》原为卜筮之书,渐次傅以哲理,《周易》名义,亦当如此。"周"为代名,"易"为变易,盖其始义。① 其后,学者梁方健认为黄先生的观点值得商榷,在《哲学研究》发表《〈周易〉名义新解》,认为《易》本是占卜迷信之书,"易"字在甲骨文中象两器倾注之形,故"易"的最初含义是给予、赐予,"周"为周遍、周密之义,云:"因卜筮向神灵请示的问题都能给予指示,故称《周

---

① 黄寿祺:《周易名义考》,《福建师范大学学报》1979 年第 2 期。

易》。"认为《周易》本是涉及鬼神的"占卜迷信典籍",而非哲学著作。①《周易》确为占卜而作,即便古代《周易》作为经书,子部术数类也同时收录涉及《周易》的各类占筮书。然而,这种观点亦值得商榷。首先,《周易》如果是纯粹的占卜书,无涉哲学思想,又是哪些"因素"让《周易》,而非其他占卜书,成为哲理著作?其次,《周易》卦爻辞中多叙史实、人事,而非鬼神祷告语,作卦爻辞者显然不是巫祝,且神灵如何通过卦爻辞来解答疑惑呢?最后,"易"字在甲骨文中还可用作祭祀物和族名、族人的代称,"易"由抽象的给予动作,反过来假借为具体的名物,这是否符合人们认识事物由具体到抽象的过程?诚然,新材料往往带来新观点,本篇据甲骨文和金文"易"字的各种字形和用法,考证"易"字的字源和演变过程,分析《周易》之所以能成为哲学著作的深层原因。

一、"易"的字源及演变

随着周代钟鼎铭文的不断出土,"易"字的字源被重新探讨。五十年代末,郭沫若据周初德器铭文认为"易"是"益"的简化字。德器铭文四则如下:

---

① 梁方健:《〈周易〉名义新解》,《哲学研究》2011 年第 5 期。

《周易》之"易"可释作符号

(1) 王🉐德贝廿朋,用作宝尊彝。(德圆鼎)

(2) 王🉐德贝廿朋,用作宝尊彝。(德簋)

(3) 王🉐叔德臣嬉十人,贝十朋,羊百,用作宝尊彝。(叔德簋)

(4) 隹三月王才成周,延武王福自蒿,咸。王🉐德贝廿朋,用作宝尊彝。(德方鼎)

后一个"🉐",郭沫若释作"易"字,前三个"🉐",则释作"益"字。认为"益"乃"溢"的初文,象杯中盛水满出之形。"益"引申为增益,故引申为锡(赐)予,锡(赐)予即是从无者有之,有者多之。①因为甲骨文"易"字又作"🉐"(《合集》8253;8254),象两酒器相倾注承受之形,与德器所见不合,故此后两岸学者对此结论多有怀疑。

先是李孝定以为:"郭氏谓'易'为'益'之简体,契文金文'益'字多见,除郭氏所举'🉐'字一文之外,其余皆从'🉐',未见与'🉐'契文、'🉐'金文形近者。"认为"益"和"易"金文字形不同,未必同字。

---

① 郭沫若:《由周初四德器的考释谈到殷代已在进行文字简化》,《文物》1959年第7期。

其后,学者劳榦也认同李氏之说,认为"益""易"二字在韵母上同属支部,在声纽上则"益"字属影母,而"易"字古音当属定母,故二字在音理上言之,亦未可通。在形体上,"益"字之器为平放,而"易"字之器为倾斜;"益"字之水点自下而上溢出,而"易"字之水点为自上而下倾倒。难以判断其字形所象何物。①

劳氏之说认为二者字形不同是也,但二字音理上却可相通。益、易上古皆属锡部。声母上,据《广韵》,"益"中古声母属影母,"易"中古声母属余母三等字。上古"喻(余)三归匣,喻四归定",即"易"上古属匣母,与"益"影母同属喉音。

其后,赵平安也从字形角度,认为二者不同。赵氏据"益"字金文的四种写法(𥁕、𥁞、𥁠、𥁟),以为"益"字与德器"匜"字区别明显。"匜"字当释作匜,"匜"是一盘一匜,盘、匜同源。"匜"的本义为注水的器皿,引申为给予、赐予之义。"易"字则是截取"匜"形的一部分,是"匜"的分化字,承担"匜"的部分意义。② 从字形上看,"益"字像器皿中的水往上溢出,"益"为"溢"的本字;"易"字则像水从外面注入,二者不同。甲骨文"益"字作"𥁕",水向四周流出;而甲骨文"匜",器皿上有錾,水则向器口流出。因

---

① 周法高主编:《金文诂林》第9册,香港:香港中文大学出版社,1974年,第414页。

② 赵平安:《〈说文〉小篆研究》,南宁:广西教育出版社,1999年,第157—161页。

此,德器此字不当释作益是也。

然而,"匜"篆文作"匜",金文则作"🔲"(《集成》10277)、"🔲"(《集成》10234)、"🔲"(《集成》10224)、"🔲"(《集成》10279)。王筠以为:"彝器皆作'也',语助夺之,小篆加'匚'为别耳。"①据金文,汤可敬认为:"'也'字当是'匜'的初文,后加'皿',或加'金',或'皿''金'全加。小篆'匜'更为后出。"②"也"字,《说文》云:"也,女阴也。"匜是盥器,学者认为:"古代洗手是用水由上面浇下来,所以与阴器的排泄同状,意义是相通的。"③因为"也"和"匜"是同源字,"匜"的本字即"也",则"🔲"不当是"匜"字。何况"匜"字侧重于排泄,而"易"则侧重于赐予,二者词义也不同。

杨五铭则认为德器此字当释作易,"易"是"赐"的本字,本义是器皿中盛有鬯酒用来赏赐人。青铜铭文记载赏鬯酒往往摆在其他赏赐物的前面。④ 杨说是也。"鬯"字,《说文》云:"以秬酿郁草,芬芳条服,以降神也。"⑤是鬯酒专用于祭神。鬯酒芳香,又经

---

① 〔清〕王筠:《说文句读》,北京:中华书局,1988年,第508页。
② 汤可敬:《说文解字今释》,长沙:岳麓书社,1997年,第1818页。
③ 陆宗达、王宁:《训诂方法论》,北京:中华书局,2018年,第157页。
④ 杨五铭:《文字学》,长沙:湖南人民出版社,1986年,第82页。
⑤ 〔汉〕许慎撰,〔清〕段玉裁注:《说文解字注》,上海:上海古籍出版社,1981年,第217页。

神明品尝,就成为珍贵之物。周王赐鬯酒于各赏赐物之前,尤见鬯酒的象征义。"易"字作鬯酒,也可以在甲骨卜辞中找到用例:

(1)癸丑,(卜)宾,贞🔳豕三十,九月。(《合集》11241)

(2)贞勿,🔳二牛用。(《合集》15826)

(3)贞🔳易豕百,九月。(《合集》15827)

《周易·观》"盥而不荐","盥"即古代祭祀时把香酒浇地以降神之礼;"荐"则是后面献飨的细节。因此,祭祀时,鬯酒和祭牲当相配合。"🔳"字则是酒器下又多手形,像是在恭敬地向神敬酒。徐中舒《汉语古文字字形表》将此字隶于"易"字下是也。① 徐氏更录金文"🔳"(史噩尊),犹如酒壶向酒杯斟酒的样子。

"易"由本义鬯酒,引申为美好的代表物,比如族徽。甲骨卜辞有"甲戌卜,宾,贞🔳、吴、启叶王事"(《合集》5458),据学者考证,此"🔳"字为人名或国族之称;卜辞还有"易入""易人二十",即易人之族向商王国纳贡、入贡的记录。② 因祭祀后,周王又将鬯酒赐予他人,故"易"又有赐予之义,如以上德器铭文。又由赐予

---

① 徐中舒:《汉语古文字字形表》,成都:四川人民出版社,1981年,第374页。
② 彭邦炯:《从甲骨文的易说到有易与易水》,《殷都学刊》1999年第2期。

引申为变化之义,比如学者彭邦炯认为卜辞"易日",即天气变化之义。卜辞还有"王疾齿,亡易"(前6.32.1),即王齿疾而掉牙或换牙,更换之义尤明。①

因此,德器的"🀄"当直接释作易,指祭祀的鬯酒。"易"字的本义若是抽象的赐予动作,再反过来假借为具体的鬯酒和族名,则不合理。因为人们认识事物,应该是由具体到抽象的过程。"易"字的字形当有繁、简二体,繁体即"🀄",简体即"🀄"。其后字形演变,林志强先生归纳为:"🀄"省为"🀄""🀄",两器变成一器;再省作"🀄",只截取酒器的一部分,即表示液体的部分;"🀄"移位变写为"🀄""🀄",最后形成小篆的"易"字。②"🀄"未必是"🀄"的简省,二者可以同时存在。因"🀄"的錾中空处,后人喜欢加饰点,故成"🀄",故许慎《说文》误认为"易"是象形字,以为本义是"蜥易(蜴)",实则"蜥易"和"难易"之"易"均是假借字。《说文》又引《祕书》之说"日月为易,象阴阳也",则是将下面的水滴误作月,以日为阳,以月为阴。也有学者将"🀄"字平放作

---

① 彭邦炯:《从甲骨文的易说到有易与易水》,《殷都学刊》1999年第2期。
② 林志强:《汉字学十六讲》,北京:高等教育出版社,2019年,第100页。

"",误以为此弧线是海平面或山的轮廓,故认为日出为易。①

二、"易"作卦象符号

"易"字引申为重要符号,具体而言就是指卦画。早先只有八卦,后来在八卦的基础上,推演出六十四卦。八卦的基础是阴阳符号,用卦画"—"和"— —"来表示万世万物。从出土的甲骨文、金文和陶文等古文字材料中,可发现阴阳符号最先是用数字来代替的,起先所用的数字是一、五、六、七、八,到了战国中期的楚简,以及后来的马王堆帛书,其数字则简化为一和八。一、五、七单数代表阳爻,六、八双数代表阴爻。这些符号又可分成三个一组,如 ☷(五一一);六个一组,如 ䷀(六七七一一一)。据张政烺研究,三个数字构成的是单卦,六个数字构成的是重卦。其中还有三对变卦,与《周易》大不相同的是《周易》九六可变,七八不变;而这三对变卦则是一、五、六、七、八皆可变。如此,这些数字卦的变卦更甚,且每次占卜必有变卦。不仅如此,数字卦中还发现当时已有"错卦"的观念,即上下两卦互换成另一卦。② 因此,商周人常用

---

① 黄振华:《论日出为易》,黄寿祺、张善文编《周易研究论文集(第一辑)》,北京:北京师范大学出版社,1987年,第142页。
② 张政烺:《试释周初青铜器铭文中的易卦》,《考古学报》1980年第4期。

两器相倾注的"㿒"来表示"易"也就不奇怪。

《周礼·春官》:"太卜掌三《易》之法:一曰《连山》,二曰《归藏》,三曰《周易》。其经卦皆八,其别皆六十有四。"张政烺据数字卦居篇首的两个卦名"魁隗",认为"魁隗"即神农,数字卦即《连山》。首先,数字卦是否是《连山》还可存疑,但它说明了周代以前即有与《周易》相类似的筮书,变卦和变爻非《周易》独有。其次,《左传》襄公九年载,穆姜迁东宫,筮之,遇《艮》之《随》,姜曰"是于《周易》曰"云云。顾炎武据此认为"夏商皆有此卦,而重八卦为六十四者,不始于文王矣"①。顾氏无举证,今有学者研究数字卦,认为《易》筮和重卦时代至少应上推至商代。② 如此,同一个卦象,在不同的筮书中可有不同的卦名和卦辞,故穆姜才专门指出是《周易》的卦辞。

《连山》已佚,数字卦有卦名无卦辞;然而,出土材料中有《归藏》佚文。1993 年,江陵王家台十五号秦墓出土的秦简中,有《易》占之书,学者认为此类《易》占就是《归藏》经文。③《归藏》

---

① 〔清〕顾炎武著,黄汝成集释:《日知录集释》,上海:上海古籍出版社,2006 年,第 3 页。

② 张亚初、刘雨:《从商周八卦数字符号谈筮法的几个问题》,《考古》1982 年第 2 期。

③ 李学勤:《论战国简的卦画》,中国文物研究所编《出土文献研究(第六辑)》,上海:上海古籍出版社,2004 年,第 5 页。

所见的卦名大多与《周易》卦名相同,也有部分卦名与今本不同:如《离》,秦简作《丽》;《颐》,秦简作《臣》等。解说之辞与今本《易》之卦爻辞都不相同,多采用古史中的占筮之例。① 因此,之所以称为"三《易》",应该是因为它们有相同的卦象。不仅如此,凡是以卦象来占筮的筮书,皆可称为"易",比如《管子·山权数》"易者,所以守成败吉凶者也",此"易"指的是以卦象占吉凶一类的占书。郑玄注"三《易》"云:"易者,揲蓍变易之数,可占者也。"凡是揲蓍起卦,必然有卦象,卦象即称"易"。易由卜筮之法再引申为掌占卜之官,《礼记·祭义》"昔者圣人建阴阳天地之情,立以为《易》。易抱龟南面"云云,郑注"易为《周礼》之太卜"。太卜掌三《兆》、三《易》、三《梦》之占,却仅称"易"者,大概是因为"易"具备以上占法的共同点,即表示象、征兆之义。

数字卦研究方面,学者未释这些数字卦为何会被刻在陶器、彝器、酒器,甚至兵器上。器物仅有数字卦,而无卦名和卦爻辞,这是因为卦象是占卜吉凶的,《系辞》言八卦可以"通神明之德""类万物之情",人们会对卦象神秘的力量产生崇拜,这时候,卦象就可脱离卜筮的具体用途,而成为具有象征意义的符号。即便现在,八卦也常被人置于门堂上,这种趋吉避凶的心理古今应该是相通的。

---

① 王辉:《王家台秦简〈归藏〉校释》,《江汉考古》2003年第1期。

三《易》为何只有《周易》流传下来？后人又为何将"周"释作周代？这涉及商周文化的差异：商代信天命，好尚武力；而周代则主张以德配天，重视文教。《诗经·周颂·维天之命》云"文王之德之纯"，《思文》更言"思文后稷，克配彼天"，体现巫官文化向礼俗文化的转变。《归藏》是殷商的筮法，占辞多涉古史和神话人物，如后羿、女娲，人神杂糅，可谓"其言不雅驯，荐绅难言之"。而《周易》的卦爻辞则涉及人事政教的各个方面，且多规劝之辞。《左传》言韩宣子适鲁，观易象与《春秋》，曰："吾乃知周公之德，与周之所以王也。"易象只是卦象，三《易》卦象相同。因此，这里的易象当包括《周易》的卦爻辞，韩宣子正是从卦爻辞中看出周公如何以王道治国。从卜筮的用例上看，古人也注重《周易》占辞的劝诫内容。比如《左传》言南蒯将判，筮之得《坤》之《比》，虽是吉卦，然而子服忠伯以为忠信之事则可，不然必败，又提出一条"《易》不可以占险"的原则。至于后来的《系辞》也明确主张《周易》是"利用安身，以崇德也"；"穷神知化，德之盛也"。因此，《周易》卦爻辞的关注点已由天命转向人事。

三、结　语

陈寅恪言"凡解释一字即是一部文化史"①。"易"字的词义演变也正能说明中国思想的演进史。商代主龟卜,兆象无规则,占辞繁多;而八卦与之不同之处在于变化有规则,且统一。天下万物事理繁多,性质迥异,本难以穷尽;然而,八卦观物取象,不仅能指代万物,且能说明彼此之间的对应关系。这也是"易"字有简易之义的由来。这种用符号区分世界、记录语言、表达思想的方法的形成,无疑是上古文化发展的第一个重要阶段。八卦重叠,还可以表达更丰富的内容,但对于同一个卦象,不同时期的人却可做出不同的解释,这也是《连山》《归藏》和《周易》同卦却不同辞的原因。《周易》的卦爻辞的关注点由天命转向人的德行,比如《左传》的内史叔兴即认为阴阳之事,非吉凶所生,吉凶由人。这是上古文化发展的第二个重要阶段。

朱熹提出"《易》为卜筮而作"(《朱子语类·卜筮》),学者将关注点放在卦爻辞中涉及占卜的吉凶悔吝方面,忽略了《周易》的卦象。卦爻辞是为解释卦象的,因此,卦象同样重要,西汉的易学

---

① 陈寅恪:《陈寅恪先生来函》,沈兼士著,葛信益、启功整理《沈兼士学术论文集》,北京:中华书局,1986年,第202页。

《周易》之"易"可释作符号

象数派就是通过卦象的变化来解说卦爻辞的。卦象,不论是经卦还是重叠的别卦,都可脱离卦爻辞独立使用。

上古人们出于对鬼神世界的畏惧,赋予卦象以神秘的力量,故将卦象刻在各种日常器物上。但到了后来,汉儒用"易"字说明宇宙生成,《大戴礼记·易本命》:"易者混元之始,是曰太易。"《周易乾凿度》又以"未见气"来释"太易",更言"易"一名而含三义:易简、不易和变易。借卦象的变动来说明宇宙的变化。宋儒程、朱也尝以宇宙本体为易,与前者不同之处在于汉儒以气言易,而宋儒以理言易,但他们都是借卦象表达各自的思想见解。因此,学者对卦象的重新诠释,就是《周易》从卜筮书转向哲学著作的内在动因。

总之,《周易》的本义可以解释为一套完备的符号系统。《周易》的常见英译为"The Book of Changes",这种翻译还不够准确,因为描述自然变化的书,是自然科普书;而《周易》的变化是符号的变化,非外界的变化,作者其实是通过符号的变化来表达对自然和人事变化的思考。因此,应将《周易》最核心的内涵翻译出来,译作"The Book of Changes On Divinatory Symbols",即有关卦象符号变化的书。

辨析《周易》"贞"字之义

《周易》的"贞"字,先儒皆训为正;然而,甲骨文的"贞"字却训作卜问,学者据此认为《周易》之"贞"皆当训作卜问;近来又有学者认为当训作定;笔者则以为以上非此即彼的二元论观点,完全忽略了训释词义要考虑词的时代性。从文字创造之初到《周易》卦爻辞成书的西周初年,在这一千多年中,"贞"字的词义绝非毫无变化。因为词汇并非以凝固的方式呈现在人类思维中,而是不断地引申和分化,一词可多义,且各义项之间又彼此相互联系。也就是说,首先,训诂应对"贞"字的词义作历时性的考辨分析。其次,要考虑到词在不同语境中表现出来的动态意义,而不是反过来,以某项训释去解释所有的语境。因此,本篇考辨"贞"字的整个词义引申系列,而非判断何者为唯一确解,并结合当时的思想状况,分析《周易》如何从普通词汇演变成学术史的重要概念。

一、"贞"之训解检讨

"贞"字作为常用字,在《周易》中共出现一百一十一次。因此,其训释直接关涉后人对卦爻辞的理解,进而影响对《周易》一书性质的判定。一直以来,学者对于"贞"字的训释争论不已,主要有两种观点:一是从本义,皆训作卜问。二十世纪二十至四十年代,持此观点的学者主要有王树柟、高亨和李镜池;二十一世纪后,主要有张玉金、吴辛丑等。二是训作正,先儒旧说皆训为正,或训为正而固。饶宗颐也从正故训;曹福敬认为"贞"字大部分训正,少部分训为定,定也为正之引申;此外,也有一些海外汉学家从"正"字解。

近年来,学者又提出新的观点:一是廖名春认为"贞"的本义为定,引申为正、固和信之义,再由定引申为坚持原则、坚持为正之义。依据是:1.甲骨文和金文"贞""鼎"同字,鼎,定也。"贞""正""定"是同源字,音同义近。2."贞"字训为卜,与爻辞相矛盾,与甲骨卜辞语序不合,以及文义多余。① 3.认为"贞凶""贞厉"和"贞吝"即固守不变则凶、则有危险和则有吝惜之义,"违反

---

① 廖名春:《〈周易〉经传与易学史续论》,北京:中国财富出版社,2012年,第8页。

了与时俱进之理"①。二是李笑野认为"贞"的本义即固守、正,其义由"鼎"字和"桢"字引申而来。"贞"释作正,已是伦理思想的概念,《周易》是系统性的思想著作。②

廖名春认为"贞"训为卜问,首先与爻辞相矛盾,且举《乾》卦为例,卦辞"元亨利贞"释作大为亨通,卜问有利,《乾》卦就成了全吉之卦,这就与《乾》卦初九"潜龙勿用"、上九"亢龙有悔"相矛盾。③ 然而,"贞"字不论是训作卜问,还是定,均不含凶之义,且基于同样的理由,卦辞作"大为亨通,守定有利",又该如何解释九二"飞龙在田,利见大人"、九五"飞龙在天,利见大人"? 二者明显是进取有利而非守定有利。实则除了《谦》卦六爻皆吉外,卦辞和爻辞的吉凶并不一一对应,比如《未济》卦辞不吉,然而九二和九五爻辞却是大吉。其次,甲骨卜辞"贞"字在占辞、验辞前,不能据以论证《周易》卦爻辞也必然如此,因为二者不同。故以上两条理由皆不成立。

不过,廖氏所言的"文义多余"确是最重要的理由。因为《周易》之"贞"皆训为卜问,最大的问题是卦爻辞本是卜辞,"贞"字

---

① 廖名春:《〈周易〉经传十五讲(第二版)》,北京:北京大学出版社,2012年,第162页。
② 李笑野:《〈周易〉之贞辩说》,《哲学研究》2013年第11期。
③ 廖名春:《〈周易〉经传与易学史续论》,北京:中国财富出版社,2012年,第9—10页。

等于实词"虚化",可有可无,也就是说将"贞"字去掉,卦爻辞文义无差,这等于是"减字解经"、回避问题。《明夷》卦辞"利艰贞",《大畜》九三"良马逐,利艰贞;曰闲舆卫,利有攸往",又作何解？学者释《泰》九三"无平不陂,无往不复,艰贞无咎,勿恤其孚,于食有福",将"艰"释为旱灾,言"若为旱灾的贞问则无灾殃"①。然而,"艰"字训为灾是魏晋以后之事,甲骨文从其本义作"土难治",秦汉古书则训作困难、困苦。以上《明夷》和《大畜》九三,还有《噬嗑》九四"噬干肺,得金矢;利艰贞,吉"与旱灾毫无关系,若从学者作"利于灾难的卜问"解,则不仅卦爻辞与各卦主旨无关,而且卦爻辞本身的上下文词句之间也毫无关系。又比如《屯》九二:"屯如,邅如,乘马班如,匪寇婚媾;女子贞不字,十年乃字。"学者释"女子贞不字"为"如果是女子的贞问,那么她就不会怀孕"②。那么,上文的"婚媾"和下文"十年后乃字"就无法解释。这等于将《周易》的卦爻辞完全当成甲骨卜辞,间接取消具体语境对词义训解的限制。因此,学者一旦脱离具体语境训"贞"作卜问,等于是在解构《周易》的思想意义;即认为《周易》的六十四卦的卦名只是符号,无主旨可寻,各卦爻辞之间和卦爻辞全句的上

---

① 张玉金:《甲骨文中的"贞"和〈易经〉中的"贞"》,《古籍整理研究学刊》2000年第2期。
② 张玉金:《甲骨文中的"贞"和〈易经〉中的"贞"》,《古籍整理研究学刊》2000年第2期。

下文之间也无联系,卦爻辞和甲骨卜辞一样,是杂乱无章的日常占筮记录。

既然《周易》的"贞"字训卜问并不妥,那么,是否可以直接训为定或正呢?廖名春和李笑野均以为甲骨文"贞""鼎"同字,"贞"字本义与"鼎"字相关。李氏认为假"鼎"为"贞",是因为两字声韵皆同,本古代汉语"声近义通"的原理,绝非随便假借。①古汉语的"声近义通",又称"声义同源",是以段玉裁为代表的清代乾嘉学者在总结前人训诂的基础上提出来的理论,是训诂中因声求义的依据。这是因为文字只是语言的外在形式,而语音却是语言的内在形式。语言形成之初,音义任意结合,然而,经过使用者的约定俗成,音义关系就有了严格的规定性,且相对固定。以声音为线索可探求词义所属的词族,因为音近、音同和音转的词,其意义也彼此相通。属同一词族的词又称"同源词",比如段玉裁注《说文解字》常言"凡同声多同义""凡某声之字皆训某"等。然而,这个理论不包括假借字,因为文字包括本义、引申义和假借义,前两者是词义问题,假借义则是文字使用问题,假借义和本义、引申义之间无必然联系。清代学者将假借分为有其义的假借和无义的假借,实际上有其义的假借是词义的引申而非假借。因此,一旦两字是假借关系,那么它们的词义就并无联系。

---

① 李笑野:《〈周易〉之贞辩说》,《哲学研究》2013 年第 11 期。

辨析《周易》"贞"字之义

"贞",甲骨文借"鼎"来表示,后加形符"卜",作"㫃"(铁45.2,《合集》10072)①,金文作"𠂤""真",成为形声字"鼎",上"卜"下"鼎"。后来"鼎"又省作"贝",如春秋金文作"𠂤",战国金文作"𠂤",战国楚简则省作"𠂤"。②《说文解字》云:"贞,卜问也。从卜,贝以为贽。一曰鼎省声,京房所说。"③"贞"的本义是卜问,从卜、贝,贝就是占卜给对方的礼物。一说是"鼎"字省去部分形体来做声符。显然,京房所言"鼎省声"才符合"贞"字的实际字形演变。

"贞"字,实际上是为"鼎"的假借义而造的形声字,即"鼎"与"鼎"是假借关系,也就是说"贞"字与"鼎"的本义无关。"鼎"字,甲骨文作"㫃""㫃",金文作"鼎""鼎"④,象鼎之形,是象形字。鼎是古代烹调器,多为圆腹三足两耳,也有方形四足的。许慎《说文》云:"三足两耳,和五味之宝器也。昔禹收九牧之金,铸鼎荆山

---

① 中国社会科学院考古研究所编:《甲骨文编》,北京:中华书局,1965年,第148页。
② 高明、涂白奎:《古文字类编(增订本)》,上海:上海古籍出版社,2008年,第139页。
③〔汉〕许慎撰,〔宋〕徐铉校定:《说文解字》,北京:中华书局,2013年,第64页。
④ 高明、涂白奎:《古文字类编(增订本)》,上海:上海古籍出版社,2008年,第1418页。

之下,入山林川泽,螭魅蝄蜽,莫能逢之,以协承天休。"①其说本自《左传》宣公三年王孙满论铸鼎的功用②,言过去夏禹收九州长贡献的金属,在荆山下铸鼎,将山精鬼怪的形貌铸于鼎上,让人们熟知它们的形貌,这样百姓入山林川泽就不会碰到螭魅蝄蜽等山怪。然而,此纯属后人附会之说。王孙满是以周代的礼乐文化来臆想鼎的作用。以商代为例,其鼎与宗庙祭祀密切相关,所画的动物或人的面部粗犷狰狞,体现的是人神杂糅的巫官文化,比如人面方鼎、司母戊大方鼎,这些鼎高大宏伟,体现高高在上的国家意志。商人崇信天命,好尚武功,凡是征伐成功或是封侯,都会铸鼎铭功。鼎后来成为传国重器,又引申为国家的政权。"革故鼎新"指政权变革,因为新政权往往移除旧鼎,铸新鼎以代之,后也以"定鼎"喻指建立王朝、"问鼎"喻指图谋登上王位。鼎作为炊器,是权力和身份地位的象征,其词义无法引申出端正、法则之义。

学者又认为"桢""祯"是由"贞"派生出来的同源字,"桢"和"祯"皆有正之义,故"贞"字作为字根也有正之义。③ 首先,如果字根表示本义,由本义引申而来的后起形声字,一般是会意兼形

---

① 〔汉〕许慎撰,〔宋〕徐铉校定:《说文解字》,北京:中华书局,2013年,第140页。
② 〔晋〕杜预注,〔唐〕孔颖达疏:《春秋左传注疏》,台北:艺文印书馆,影印阮刻《十三经注疏》,2011年,第367页。
③ 李笑野:《〈周易〉之贞辩说》,《哲学研究》2013年第11期。

声字,它们与字根之间是同源关系。然而,字根如果是假借字,通过增加形符而形成的后起形声字,就不是会意兼形声字,两者在语义上也不是同源关系①,比如"臧"本义是善,借用为储藏的藏,"藏"有一个引申义为"臟"(即"赃"的繁体字),"臟"和"臧"就不是同源关系。"贞"作字根,训为正,只是假借义,由此引申而来的形声字和字根并非同源关系。其次,"祯"的本义是吉祥,与"贞"训为正并无联系;"桢"的本义是木名,也可指筑墙时竖两端的木桩,又引申为支柱、主干之义。"桢"和"贞"只是通假关系,《乾文言》"贞者,事之干也",就是说《乾》卦辞"元亨利贞"的"贞"是"桢"的假借字。王力云:"通假并非同源字,因为它们不是同义词或意义相近的词,例如蚤和早、政和征。"②"鼎"并无定的词义,而"贞"和"鼎"也无语义上的同源关系,因此,认为"贞""正"和"定"是同源字之说并不确。

实际上,词义具有社会性,训释词义不能仅考虑某字在某句是否讲得通,也要考虑语言的实际使用情况。"贞"字的本义若是正和定,则"贞"作卜问之义就是假借义,又如何解释"贞"的字形,即"鼎",与卜问密切相关,且在甲骨文和金文里,"贞"皆作卜问解而不从本义正或定之义呢?

---

① 林志强:《汉字学十六讲》,北京:高等教育出版社,2019年,第162页。
② 王力:《同源字典》,北京:中华书局,2014年,第3页。

二、"贞"的词义演变

"贞"的本义即是卜问,训为正,是假借义,此"正"是正常、平常,即与过去保持一致之义。《国语·晋语三》"不更厥贞,大命其倾"①,"贞"即往常之义,言晋惠公如果不改变其过去背信弃义的品行,将会倾其大命,可见"贞"字并不只是褒义词。《尚书·洪范》"龟筮共违于人,用静吉,用作凶"②,"静吉"即无所作为为吉之义,与《周易》之"贞吉"相似。故屈万里认为"皆不改故态之谓",更言《周易》之"贞"皆是"守其素常而不变"之义。③"不变"即守静也,屈氏之说有其可取之处,《屯》卦辞:"元亨,利贞;勿用有攸往,利建侯。"《无妄》卦辞:"元亨,利贞;其匪正有眚,不利有攸往。"此"贞"字即守静、不宜有新作为之义。

然而,屈氏之说尚未确切,正常并非仅指无所作为,也包括有规律的变化,比如《乾》卦辞"元亨利贞"之"贞"不可作守静解。《乾》象征天,荀子《天论》即言"天行有常,不为尧存,不为桀

---

① 徐元诰:《国语集解》,北京:中华书局,2002年,第304页。
② 〔汉〕孔安国传,〔唐〕孔颖达疏:《尚书注疏》,台北:艺文印书馆,影印阮刻《十三经注疏》,2011年,第175页。
③ 屈万里:《书佣论学集》,台北:台湾开明书店,1969年,第31页。

亡"①,此即"贞"训为有规律的变化之佐证。《否》卦辞:"否之匪人,不利君子贞;大往小来。"此"贞"即指正常而行,并非无所作为之义。人与人正常相处、往来是对等的,今大往而小来,当然不利自己了。俞樾云:

> 《豫》六五"贞疾",樾谨按:贞之言当也。《尚书·洛诰篇》"我二人共贞",《释文》引马注曰"贞,当也"。六五当九四一阳之上,故有"贞疾"之《象传》曰:"贞疾,乘刚也。"以"乘刚"释"贞疾",可知"贞"字之义。《正义》曰"正得其疾",失之迂矣。②

《洛诰篇》原文为:"我二人共贞,公其以予万亿年敬天之休。"③孔传释"贞"为正,而屈万里释俞樾所按之"当"为承担,言"两人共同来承担"④。但"当"也可指正当、应当,指周公成王应当共享上帝所赐予的吉兆。屈氏言"贞"是无所作为,有失欠缺,应该云:守其素常而无新变。

---

① 〔清〕王先谦:《荀子集解》,北京:中华书局,1988年,第306—307页。
② 〔清〕俞樾:《春在堂全书》第1册,南京:凤凰出版社,2010年,第10页。
③ 〔汉〕孔安国传,〔唐〕孔颖达疏:《尚书注疏》,台北:艺文印书馆,影印阮刻《十三经注疏》,2011年,第225页。
④ 屈万里:《尚书今注今译》,上海:上海辞书出版社,2015年,第164页。

至于"贞凶""贞厉"和"贞吝",如果训为固守不变则凶,就意味着改变则吉;然而,此恰与《周易》卦爻辞之义相反。《屯》九五:"屯其膏。小,贞吉;大,贞凶。"《屯》的卦时,即每卦象征事物所处的特定背景,是事物初生之状,不可有大作为。《屯》九五虽打破初创艰难的局面,即"屯其膏",但还是不可有大作为,所以做小事则吉,做大事则凶。如果"贞凶"释作改变则吉,意味着要大作为,与卦时和卦辞的"小贞吉"相悖。《大壮》九三:"小人用壮,君子用罔;贞厉,羝羊触藩,羸其角。"此恰是小人当道,君子不被任用之时,此时不能冒进改变,不然就像羊强触藩篱,羊角必被缠绕。《晋》上九:"晋其角,维用伐邑,厉吉,无咎,贞吝。"此恰恰是一直在"与时俱进",不仅高居兽角尖端,还征伐邑国,虽然危险却吉祥,绝非因为固守不变才有吝惜。显然,以上例子若训"贞"为定或固守,就忽视了卦爻辞的主旨。先儒释为"虽正而不免于凶(厉、吝)",李镜池就质疑说:"'正'之一字,是一个绝对的好名词,何以会正而致凶,正而致厉致吝呢?"① 后来学者增一"防"字,释作守正防凶、防厉和防吝。② 此举不免增字解经,因为"贞吉"和"贞凶"词义本相反,今后者释作守正防凶,则与"贞吉"又有何

---

① 李镜池:《周易探源》,《李镜池周易著作全集》第1册,北京:中华书局,2019年,第32页。
② 黄寿祺、张善文:《周易译注》,上海:上海古籍出版社,2001年,第46页。

区别？实则，以上"贞"字释作正，指正常而行，并不指正道，也无道德之优越感。

那么，正常而行却凶、厉和吝，又如何解释呢？此并非要求占卜者改变，而是言虽守正常之道而行，却仍不免于凶。这就是后人所忽略的宿命论思想，即认为冥冥之中，个人的命运已提前预订。虽然后来注《易》者一直强调《易》趋吉避凶的作用，但不能否认的是世人即便正常而行，仍不能免于意外凶险，或称之为"无妄之灾"。从先秦的古筮例来看，古人认为不论是战争还是个人的婚姻，皆已提前预订，比如《左传》记秦晋韩之战，秦伯筮获晋君，后来战争的进展完全如卜筮所言。近代尚秉和辑先秦史书至明清传记所载《周易》卜筮之例，共得一百零六则、一百一十卦，皆为事前占卜，其后事态演变若合符节。① 后人或疑此是事后追记，然而，即便如此，记事者仍本着宿命论思想。"贞凶"之类爻辞就是个人和社会无法避免的"命运"。

《尚书·汤誓》记商汤讨伐夏桀时言："有夏多罪，天命殛之。"商朝如此，周文王时亦如此。《尚书·西伯戡黎》记载西伯（周文王）既戡黎，祖伊恐，奔告纣王言"天既讫我殷命"云云，商纣王云："我生不有命在天乎？"认为自己能成为君王是上天的安

---

① 尚秉和：《周易古筮考》，《尚氏易学存稿校理》第一卷，北京：中国大百科全书出版社，2005年，第2页。

排。《尚书·洪范》记载遇到重大决策时,君王除了自己反复考虑外,还要和卿士、庶民商量,和龟卜、卦筮商量。这五个因素中,只要龟卜和卦筮是吉的,不论君、卿和庶民的意见如何,都是吉的;反之,则凶。可见,周初天命的思想仍居主导地位,《周易》卦爻辞作于西周初,有此命定论思想不足为奇。后来,商代的神权思想虽然被周代的民本思想所动摇,但是神学"命定"思想仍不免残留于古人的思想中。如冉伯牛重病,孔子执其手曰:"亡之,命矣夫。"颜回死,孔子言"天丧予"。孔子见子路侍侧的样子,言"若由也,不得其死然"。此皆言非个人可自主的命运安排,即便个人行正常,品行无瑕疵,仍不能免于凶亡。

先秦的道家和儒家均言宿命,《庄子》云:"父母岂欲我贫哉?……天地岂私贫我哉?……然而至此极者,命也夫!"①《孟子》虽主张"圣人之于天道也,命也,有性焉,君子不谓命也"②,但在实践中又言"莫非命也,顺受其正"③,认为无一不是命运的安排,顺理而行就是正命,正命即"尽其道而死者"④,至于吉凶祸福,则不可预测。此岂非《周易》"贞凶""贞吝"之义?子夏更言:"死生有命,富贵在天。"(《论语·颜渊》)此即是对宿命思想的发挥。墨

---

① 〔清〕郭庆藩辑,王孝鱼整理:《庄子集释》,北京:中华书局,1961年,第286页。
② 〔清〕焦循撰,沈文倬点校:《孟子正义》,北京:中华书局,1987年,第991页。
③ 〔清〕焦循撰,沈文倬点校:《孟子正义》,北京:中华书局,1987年,第879页。
④ 〔清〕焦循撰,沈文倬点校:《孟子正义》,北京:中华书局,1987年,第880页。

家后学提出"非命"的观点,以抨击儒家"有命"之说,更言"命者,暴王所作,穷人所术,非仁者之言也"①,此犹见命运之说在先秦社会之流行。实则直至汉代,王充《论衡》仍存《命禄篇》,肯定个人命运的存在。此外,释"贞凶"为正常而行仍不免凶,也符合《周易》一书的性质,《说卦传》云:"数往者顺,知来者逆,是故《易》逆数也。"《周易》的主要功用在于推测未来之事,实际上就是通过卜筮提前知晓个人的命运,故一直以来民间称之为"算命"书。

"贞"本固守旧制之义,然而,春秋时期礼崩乐坏,后人逐渐将此固守上古旧文化的行为赋予意义和价值,甚至成为一种信念,以对抗险恶的环境。比如孔子畏于匡,言:"文王既没,文不在兹乎?天之将丧斯文也,后死者不得与于斯文也;天之未丧斯文也,匡人其如予何?"孔子又遇桓魋之难,言:"天生德于予,桓魋其如予何?"孔子固守(即"贞")上古文化遗产,认为若上天不想让礼乐文化消殒,必有其安排,因此自己定能渡过眼前的难关。"贞"字之义既经人文思想之扩充,便有其积极的规范意义。"贞士"即指在实践上言行一致、恪守信念之士,比如《左传》记晋里克将杀奚齐,询问荀息的意见,荀息以"忠贞"的观念回应之,即恪守过去忠君之承诺。《论语·卫灵公》"君子贞而不谅","谅"字,朱骏声

---

① 〔清〕孙诒让撰,孙启治点校:《墨子间诂》,北京:中华书局,2001年,第286页。

以为即"勍"之通假,即固执之义。① "贞"和"谅"义同,与信念相关。贾子《新书·道术篇》云:"言行抱一谓之贞,反贞为伪。"其"贞"之义,即《释名·释言》云:"贞,定也。精定不动惑也。"②定而无疑惑,即信念之义。后来学者以"大信"释之。③ 以上是"贞"字的词义演化。

不过,值得注意的是《周易》卦爻辞还保留着循常道和固执之义,也就是说可以是中性词或贬义词。比如《蛊》九二"干母之蛊,不可贞","贞"即因循守旧之义。《屯》九二:"女子贞不字,十年乃字。""字"当释为出嫁,虞翻释作怀孕,清儒李道平已驳其非。④此言时机未到,女子还是和往常一样,待字闺中,十年机缘到后才嫁人。并非如学者所言"女子不移其志,遂不嫁人也"⑤。《象》言"十年乃字,反常也",即言与往常的婚嫁不同。后来称夫死,女子不改嫁为贞节,且视为美德,已非《周易》"贞"字的原义。又如《豫》六五"贞疾,恒不死",学者释作:"守其素常则虽病恒不至于

---

① 〔清〕朱骏声:《说文通训定声》卷十八,《续修四库全书》第 221 册,影印清道光二十八年刻本,上海:上海古籍出版社,第 92 页。
② 〔汉〕贾谊撰,阎振益、钟夏校注:《新书校注》,北京:中华书局,2000 年,第 303 页。
③ 杨伯峻:《论语译注》,北京:中华书局,1980 年,第 170 页。
④ 〔清〕李道平撰,潘雨廷点校:《周易集解纂疏》,北京:中华书局,1994 年,第 101 页。
⑤ 屈万里:《书佣论学集》,台北:台湾开明书店,1969 年,第 31 页。

辨析《周易》"贞"字之义

死也。"①然而,守常和疾病无关,因为守常不能保证患病不会死亡。"贞"当作平常解,"贞疾"即只是患平常小病之意,比如风寒感冒,当然可以长久健康不至死亡。

"贞"训作正道之义,则与儒家的治国理念密切相关。儒家重视德治,治国注重于执政者内在的道德修养,以个人道德的自我完善作为治国的基础。《周礼·夏官》云:"政,正也。政所以正不正者也。"为政者道德品行端正,可产生道德感召力。《论语·子路》云:"其身正,不令而行;其身不正,虽令不行。"《论语·颜渊》又云:"政者,正也。子帅以正,孰敢不正。"政治就是以自己端正的品行,去感化和引导百姓。《大学》也以个人的"正心诚意"作为齐家治国的基础。"贞"字遂由持守个人节操,扩充为治国理念,成为政治思想上的褒义词,故唐太宗以"贞观"作为年号,其"贞观之治"更为后人称颂。又《大畜》九三"利艰贞",本义应是"利于遇到艰苦之事而能守其常也"②。唐孔颖达则释作艰难而行乎正之义,即释"贞"为行正道。后来,"贞"字由规律变化之义,还引申为世间万物运行之理。比如孔颖达释《乾》卦"元亨利贞"之"贞"为"贞固干事,使物各得其正"③。朱熹《周易本义》释

---

① 屈万里:《书佣论学集》,台北:台湾开明书店,1969年,第31页。
② 屈万里:《书佣论学集》,台北:台湾开明书店,1969年,第31页。
③ 〔晋〕王弼注,〔晋〕韩康伯注,〔唐〕孔颖达疏:《周易注疏》,台北:艺文印书馆,影印阮刻《十三经注疏》,2011年,第8页。

云:"贞,正而固也。乾道大通而至正。"①不过,以上均涉及形而上的哲理思考,已非卦爻辞草创之初的原义。

三、结　语

甲骨文借用"鼎"字为"贞",后又加"卜","贞"字成为以"鼎"为声符的形声字,"鼎"符后来又省作"贝",此即"贞"字的字形演变。"贞"字本义是卜问,"鼎"和"桢"只是"贞"的假借字,二者在语义上无同源关系。甲骨卜辞从"贞"字本义,然而,在《周易》卦爻辞中却多训作正,用其假借义。"正"即正常而行之义,不仅可指守静无为,也包括有规律的变化。"贞凶""贞厉""贞吝"之类的卦爻辞,即言正常而行仍不免有凶险、危险和吝惜,原为商周宿命论思想的遗说。"贞"字本守常之义,因西周至春秋的社会变迁,固守旧有文化遗产有其重要价值,孔子更视之为坚定的信念,故"贞"字引申出道德上的规范之义,比如"忠贞"连用,释为言行一致的美德。又"贞"训作正道,因为儒家主张德治,"正心诚意"是齐家治国的基础,"贞"字遂由个人美德扩充为治国观念。"贞"字由规律变化之义,还引申为万物运行之理,成为思想史上的重要概念。

---

① 〔宋〕朱熹撰,廖名春点校:《周易本义》,北京:中华书局,2009年,第30页。

学者训《周易》之"贞"作卜问,或者是道德伦理之正,不免忽略词义演变和概念之间的差异。一方面,词义不断引申、分化和演变,更受具体语境限制;另一方面,"贞"字作为思想史上的重要概念,在不同历史时期的思想观念中,体现出来的是不同层次的思考,不可混为一谈。总之,考证《周易》字词的含义,既要厘清《周易》卦爻辞编订时的本义和文化背景,也要注意分辨不同时期的学者在注解经文中所体现出来的思想差异。

辨《尚书》"令""命"同字及其本字

"令"和"命"是甲骨文、金石铭文和先秦古书的常用字,二者可互用,又常与"霝""灵"和"零"字通假。其中有代表性的例子是《尚书·吕刑》"苗民弗用灵"①,《礼记·缁衣》引作"苗民匪用命",郑注云:"命,谓政令也。"②清儒对此有两种不同的观点:钱大昕、段玉裁认为"命"乃"令"字之讹,"令"和"灵"通用,皆训善;③但武亿则认为"命""令"是一字,认为"令"是"零"的省文,"零"古作"霝",与"令"通用,但"灵""命"二字不同,"弗用灵"当作"弗用霝"。④ 如今,在甲骨文和金文里,"命""令"同字,"命"

---

① 〔汉〕孔安国传,〔唐〕孔颖达疏:《尚书注疏》,台北:艺文印书馆,影印阮刻《十三经注疏》,2011年,第296页。
② 〔汉〕郑玄注,〔唐〕孔颖达疏:《礼记注疏》,台北:艺文印书馆,影印阮刻《十三经注疏》,2011年,第153页。
③ 〔清〕钱大昕著,杨勇军整理:《十驾斋养新录》,上海:上海书店出版社,2011年,第12页。〔清〕段玉裁:《古文尚书撰异》卷二十九,清道光元年七叶衍祥堂刊《经韵楼丛书》本,第5页。
④ 〔清〕武亿:《群经义证·书》,《授堂遗书》道光二十二年重刊本,第9页。

字并非"令"字之讹。然而,"命""令"为何同字,"令"是否是"霝"字之省,以及"霝"与"灵""靁""零"为何通用等一系列问题,学者并未系统探究。以下辨析"命""令"同字的原因,"霝"字本义,以及学者改"灵"作"令"背后的文化因素。

一、"令""命"同字

令,《说文》云:"㐂,发号也,从亼卪。"卪,《说文》云:"瑞信也。"即信验凭证。但甲骨文"卪"作"㔾"(《合集》32870),金文作"㔾"(《集成》2694),下面"㔾"象人跪着听候命令之形。罗振玉云:"许书训'㔾'为瑞信,不知古文'㔾'字象人跽形,即'人'字也。凡许书从卪之字,解皆误。"①"跽形"即两膝跪地,上身弯曲,听候命令之形,如《庄子·人间世》:"擎跽曲拳,人臣之礼。"至于上面的"A",林义光云:"从口在人上,象口发号,人跽伏以听也。"②李孝定也云:"窃疑'A'象倒口篆文,从口之籀文多作

---

① 罗振玉:《增订殷虚书契考释》,《罗振玉学术论著集(第一集)》,上海:上海古籍出版社,2013年,第250页。
② 林义光:《文源》,上海:上海古籍出版社,2017年,第119页。

'▽',倒之则为'A'。"①口,甲骨文作"Ҵ",以部分代替整体,指发号施令的人。对于跽伏的人而言,口形正好相反。与"令"相似的字还有"邑",《说文》云:"国也。从口,先王之制,尊卑有大小,从卩。"段玉裁以为"尊卑大小出于王命"②。但"邑"训为国,非本义。甲骨文"邑"作"𠂤"(《合集》6057)、"𠂤"(《合集》14394),金文作"𠂤"(《集成》9249)、"𠂤"(《集成》11486),罗振玉云:"'𠂤'象人跽形。邑为人所居,故从口从人。"③"口"表示地域范围,"邑"当指人所仰赖居住的土地。

命,《说文》云:"命,使也,从口从令。"与"令"相比,多出"口"符。林义光云:"A下复有口,应命者也。"④实则"𠂤"即可表示应允,不须复出口。《甲骨文编》收录"命"字作"𠂤"(铁12.4),云"卜辞用'令'为'命',重见'令'下"⑤。其卜辞(《合集》1950 正):"其……卢……令……圭(告)于丁,用一牛。"《集释》

---

① 李孝定:《甲骨文字集释》第九卷,台北:台湾"中研院"历史语言研究所,1965年,第2868页。
② 〔汉〕许慎撰,〔清〕段玉裁注:《说文解字注》,上海:上海古籍出版社,1981年,第430页。
③ 罗振玉:《增订殷虚书契考释》,《罗振玉学术论著集(第一集)》,上海:上海古籍出版社,2013年,第156页。
④ 林义光:《文源》,上海:上海古籍出版社,2017年,第119页。
⑤ 孙海波:《甲骨文编》,北京:中华书局,1965年,第40页。

未解为何"令"当作"命"。西周金文"命"和"令"字形已分化,但仍有铭文"命"字用"令"表示。比如西周晚期颂壶铭文"王令书""册令颂""令汝""受令册""永令",各"令"字皆当作"命"。"令"字在甲骨文中写法不固定,"🗯"和"🗯"均表示"令",金文则偏旁相对固定,基本上从"🗯";而"命"字在金文中基本上从"🗯"和"🗯",偶也有作"🗯"。①

令、命的本义,不当是发号施令,而应该是人们告祝神灵,表示听从神灵的意志。《礼记·表记》云"夏道尊命,事鬼神而远之"②,此"命"并非是孔颖达疏所释的政命,而应该是指天命,即畏惧大自然的力量,以为有鬼神在背后主宰,故一切听命于鬼神。但实际上是听从鬼神使者巫的指示,故《表记》又言其民"蠢而愚,乔而野,朴而无文",说明当时民智未开。《表记》又言殷商统治者"尊神,率民以事神"③。吴其昌缀合甲骨卜辞,以为甲骨文多"命参"连文,或"参命"连文,"参"正是殷代祭典的一种,则"命"宜为祭祀时之祝告词。④ 他们尊崇的鬼神,包括自然神,如上帝、山川

---

① 容庚:《金文编》,北京:中华书局,1985年,第51、59页。
② 〔汉〕郑玄注,〔唐〕孔颖达疏:《礼记注疏》,台北:艺文印书馆,影印阮刻《十三经注疏》,2011年,第915页。
③ 〔汉〕郑玄注,〔唐〕孔颖达疏:《礼记注疏》,台北:艺文印书馆,影印阮刻《十三经注疏》,2011年,第915页。
④ 吴其昌:《殷虚书契解诂》,武汉:武汉大学出版社,2008年,第149页。

神祇,也包括先公、先王、先妣等宗主神,对上述诸神祭祀非常频繁。商代的周祭有五祀,据学者研究,其正确次序是翌、祭、㲋、劦、彡,不断循环,翌在前,彡在后。①彡后再隔一旬又是翌祭。"彡"当是彡祭,彡祭前后的"命",应该是每一轮周祭后,商王向神灵禀告施政情况。统治者崇信天命,以为政令出自鬼神意志,自己据其命令行事,故"令"和"命"不须分别。周代废除了这种周祭制度,而主张德行是施政的基础。《表记》云:"周人尊礼尚施,事鬼敬神而远之。"②周人重文德,"命""令"二字分化,祭祀神灵的"令"则加"口"旁,作"命",专指鬼神祭祀之事,"口"应该也不是被动应允,而是主动向神灵禀告,"令"字则用于统治者的法令。二者的声母也略有区别,"令"为来母,"命"为明母。即便如此,二者在铭文和先秦古书里还经常互用。

上述卜辞(《合集》1950 正)"令"字改为"命",是因为"命"是祝告辞。在《左传》里仍保留"命"字本义,如昭公七年"秋八月,卫襄公卒,……告丧于周,且请命。王使臣简公如卫吊,且追命襄公曰:'叔父陟恪,在我先王之左右,以佐事上帝。余敢忘高圉、亚

---

① 常玉芝:《商代周祭制度研究》,北京:中国社会科学出版社,1987 年,第 7 页。
② 〔汉〕郑玄注,〔唐〕孔颖达疏:《礼记注疏》,台北:艺文印书馆,影印阮刻《十三经注疏》,2011 年,第 916 页。

圉?'"杜预注:"命,如今之哀策。"①"哀策"即祝祭文,但以上"命"文与后世祭文是不同的。"高圉""亚圉"即周之祖先,周王还有向神灵和先公"述职"之意。

"命"有顺承之义,故引申为派遣、指派,再由此引申为册命、任命之义。此外,"命"也有接受之义,由此引申为生命,《礼记·祭法》云:"大凡生于天地之间者皆曰命,其万物死者皆曰折,人死曰鬼。"②人生为命,死则称鬼,可见命与鬼神之间的密切的关系。人的生和死都是接受自然的安排,故又引申为命运之义。

"令"字由发号施令之义引申为政令、法令,又引申为政令的发出者,即官员,如县令、尚书令。又因为古代按月份施政令,故"令"又有时令、节令之义。"令"还可训为善,美好之义,如《诗经·小雅·角弓》:"此令兄弟,绰绰有裕;不令兄弟,交相为瘉。"郑玄笺:"令,善也。"③然而,"令"的本义无法引申出善之义,段玉裁云:"凡'令'训善者,'灵'之假借字也。"④段说是也,"灵"字为本

---

① 〔晋〕杜预注,〔唐〕孔颖达疏:《春秋左传注疏》,台北:艺文印书馆,影印阮刻《十三经注疏》,2011年,第765页。
② 〔汉〕郑玄注,〔唐〕孔颖达疏:《礼记注疏》,台北:艺文印书馆,影印阮刻《十三经注疏》,2011年,第798页。
③ 〔汉〕毛亨传,〔汉〕郑玄笺,〔唐〕孔颖达疏:《毛诗注疏》,台北:艺文印书馆,影印阮刻《十三经注疏》,2011年,第504页。
④ 〔汉〕许慎撰,〔清〕段玉裁注:《说文解字注》,上海:上海古籍出版社,1981年,第430页。

字,而"令"则为假借字。

二、"霝"字本义

"灵"又作"靈",《说文》:"靈,灵巫也。以玉事神。从玉霝声。灵,靈或从巫。"灵巫即巫,《楚辞·九歌》王注"楚人名巫为灵",灵巫的职责是用玉侍奉神明。"灵"是"靈"的或体字,"巫"和"玉"都用以表意,用作意符。出土金文里还有从其他偏旁的,庚壶铭文作"䨻",从示;秦公镈铭文作"䨻",从心。示,《说文》云"神事也",类似祭台;心,巫以心感通鬼神。齐侯镈钟铭文作"䨻",或"䨻";叔夷钟铭文作"䨻""䨻""䨻",字形稍异。郭沫若以为上从霝乃声;下从"木",乃"火"字之变体;中间像人执龟。从火者,谓以火烤龟,使之呈兆,吉凶均有灵验也。① 巫掌占卜,烤龟卜筮只是巫职能的具体化;但笔者以为灵验之义非"灵"字的本义,"灵"的本字应当是"霝"。

"霝"字在甲骨文中有两种写法:一是常见的"䨻"(续445),二是"䨻"(拾3.7)。罗振玉释作霝;陈邦怀以为是古文"雷"字;

---

① 郭沫若:《两周金文辞大系图录考释》,北京:科学出版社,1957年,第203页。

辨《尚书》"令""命"同字及其本字

孙海波以为"雷"和"霝"金文互用;陈梦家和饶宗颐则以为是"霁"字,即雨止之义;李孝定以为"☐"为"霝"字初形,从〇〇〇者,正霝,象雨滴形,从"ㅂㅂ"、"ㅁㅁ"者,其讹变,"雷"古字从"ㅁㅁ",也是讹变,而"齐"字古文与〇〇〇迥异①。李氏释作霝,是也,"齐"字古作"𠆢",象禾麦吐穗形,"雷"字甲骨文和金文从田,从口当为田之讹。但"ㅂㅂ"当非讹舛,因为"霝"字从"ㅂㅂ"者很多,比如"☐"(《合集》20943)旁边两点为雨点,只有一个"ㅂ",又如何解释?笔者以为下面的"ㅂㅂ"就是"口","口"在甲骨文中作"ㅂ"。如"齿"字作"☐"(《合集》18140),像张口即见上下门牙;"舌"字作"☐"(《合集》5532),像张口吐舌貌。

司,甲骨文作"☐""☐"(《合集》19208、拾14.17),曾宪通、林志强以为:"从又省,从口,表示挥手发号施令之意。或作'后',后来分化为'君后'之'后',也有发号施令的意思。"②"又"符即手,"司"和"令"不同,"司"口在手下,表示主动施令,"令"则口在人上,表示人被动受令。"霝"字从口,雨下有口,犹如"司"或"后"字,可指司掌自然界下雨的神,三口也可表示司掌自然变化的众

---

① 李孝定:《甲骨文字集释》第九卷,台北:台湾"中研院"历史语言研究所,1965年,第3441—3443页。
② 曾宪通、林志强:《汉字源流》,广州:中山大学出版社,2011年,第55页。

神。其后"霝"字加"玉"和"巫",表示祭神、请神降临之义。"灵"是"霝"的分化字,形声兼会意,比如"灵雨",《石鼓文》作"霝雨"。上古人们认为万物有灵,神灵主宰自然界,如《礼记·祭法》云:"山林川丘谷陵能出云,为风雨,见怪物,皆曰神。有天下者祭百神。"①就是这种万物崇拜的反映。

"霝"的本义指自然神祇,后来又加"巫"旁,楚人名巫为灵,因为神祇的意志通过巫来传达。析言则鬼神并不同,比如鬼神之鬼在卜辞中有专字"🔲"来表示②,但统言鬼也可谓之神,"灵"字也就可指人死后的灵魂,或人生前的精神意志。

"灵"字还可训为应验、灵验,"灵"字繁写像巫执龟甲作占卜状,《尔雅·释鱼》云"龟俯者灵","二曰灵龟"③,则"灵龟"当指用此龟的龟甲占卜很灵验,而非龟本身很灵验,故《管子·五行》云"然则神筮不灵,神龟衍不卜"④。《颐》初六:"舍尔灵龟,以观

---

① 〔汉〕郑玄注,〔唐〕孔颖达疏:《礼记注疏》,台北:艺文印书馆,影印阮刻《十三经注疏》,2011年,第797页。
② 罗振玉:《增订殷虚书契考释》,《罗振玉学术论著集(第一集)》,上海:上海古籍出版社,2013年,第172页。
③ 〔晋〕郭璞注,〔宋〕邢昺疏:《尔雅注疏》,台北:艺文印书馆,影印阮刻《十三经注疏》,2011年,第166、168页。
④ 黎翔凤撰,梁运华整理:《管子校注》,北京:中华书局,2004年,第860页。

我朵颐。"①"朵"即鼓动貌,"颐"即口腮,"朵颐"即垂腮进食。"灵龟"和"朵颐"对文,而对文一般是同义词或反义词,"灵龟"和"朵颐"取比喻义,均指各自的美质。

"灵雨"最早或指巫祈雨,应验下雨称为"灵雨"。上古巫的一个重要职责就是祈雨,卜辞卜雨的例子也很多,因为降雨与农业生产密切相关。后来"灵雨"则引申为及时之雨,《诗经·鄘风·定之方中》"灵雨既零,命彼倌人,星言夙驾,说于桑田",郑笺"灵,善也"②。因此,"灵"字很自然地引申出美好之义。

"灵终",金文作"霝冬","冬"是"终"的本字,像一个绳子两头,引申为事物的尽头,又引申为死,"灵终"当训作美好到尽头。美国学者史亚当以为"灵终"即死后,且引传世文献"令终"三次为证。③ 然而,《素问·六元正纪大论》:"臣虽不敏,请陈其道,令终不灭,久而不易。"④"令终"分训,即言使道长久保持不灭,与下文"久而不易"文义相同。嵇康《琴赋》"既丰赡以多姿,又善始而

---

① 〔魏〕王弼注,〔晋〕韩康伯注,〔唐〕孔颖达疏:《周易注疏》,台北:艺文印书馆,影印阮刻《十三经注疏》,2011年,第69页。
② 〔汉〕毛亨传,〔汉〕郑玄笺,〔唐〕孔颖达疏:《毛诗注疏》,台北:艺文印书馆,影印阮刻《十三经注疏》,2011年,第117页。
③ 〔美〕史亚当:《释上博简〈容成氏〉之的"殹终"》,《简帛(第十辑)》,上海:上海古籍出版社,2015年,第22页。
④ 《黄帝内经素问》,浙江书局汇刻《二十二子》本,上海:上海古籍出版社,1986年,第964页。

令终",李善注引《封禅书》"岂不善始善终",训"令"为善①,言琴声从始至终都很美妙。《诗经·大雅·既醉》:"昭明有融,高朗令终。令终有俶,公尸嘉告。"郑玄训"有,又;令,善",言"以善名终","俶,犹厚,既始有善,令终又厚之"②,以为"灵终"指生前享美名,生后善名弥笃。而朱子《诗集传》则训"令终"为《洪范》"考命终",即得以善终,不横夭;训"俶"为始,言"善终者必善其始"③。朱注与郑注相反,以"灵终"为命终,侧重于死后,因是祝辞,郑注更近"灵终"原义。金文"灵终灵复","灵复"言美名循环往复,"灵终灵后","灵后"也是指生后留美名,则"灵终"当就生前而言。金文还有"灵命无期",即美命长久。

"廿"形还可表示器物之口,如"向"的"口"表示窗户;"龠"的"口"表示管口;"霝"字之"口"表示天空有几道口,雨水从中降落下来,又引申为中空之义。王念孙云:"凡言灵者,皆中空之义。"④然而,中空之义当用"霝"本字,用"灵"则为假借字,因"灵"无此义。《左传》定公九年"载葱灵,寝于其中而逃",孔疏引

---

① 〔梁〕萧统编,〔唐〕李善注:《文选》,北京:中华书局,1977年,第258页。
② 〔汉〕毛亨传,〔汉〕郑玄笺,〔唐〕孔颖达疏:《毛诗注疏》,台北:艺文印书馆,影印阮刻《十三经注疏》,2011年,第604页。
③ 〔宋〕朱熹:《诗集传》,《朱子全书》第1册,上海:上海古籍出版社;合肥:安徽教育出版社,2002年,第681页。
④ 〔清〕王念孙:《广雅疏证》卷三下,上海:上海古籍出版社,2016年,第513页。

贾逵注:"葱中竖木,谓之灵,今人犹名葱木为灵子。"①王念孙曰:"'葱'与'窗'同,'灵'与'楞'同。"②车楞即车窗格子。《说文》:"䩦,车輨间横木。䩦,䩦或从霝。"䩦即古代车箱前后和左右的栏木。《说文》:"㭹,车㭹。"徐灏:"㭹,犹楞也。"③《玉篇》:"舲,小船也,有屋也。野王案:亦"艛"字也。"④《广韵》"舟上有窗"⑤,即有窗的船。《广雅·释诂三》"霝,空也",王念孙曰:"《玉篇》《广韵》并云:'霝,古文"灵"字。'夏竦《古文四声韵》云:'灵,《古尚书》作"㖡",崔希俗《篆古》作"霝""霝""霝"。'案:'㖡'即篆文'霝'字,讹而为'霝',又讹而为'霝',为'霝',皆俗书也。当从'霝'为正。"⑥据此,当是"霝"为正字。

霝,《说文》云:"雨零也。从雨,𠁁象零形。"段注以为"零"

---

① 〔晋〕杜预注,〔唐〕孔颖达疏:《春秋左传注疏》,台北:艺文印书馆,影印阮刻《十三经注疏》,2011年,第968页。
② 〔清〕王念孙:《广雅疏证》卷三下,上海:上海古籍出版社,2016年,第513页。
③ 〔清〕徐灏撰:《说文解字注笺》卷五,《续修四库全书》第225册,影印清光绪二十年徐氏刻民国三年补刻本,上海:上海古籍出版社,1995年,第499页。
④ 〔梁〕顾野王撰:《玉篇》残卷,《续修四库全书》第228册,影印日本昭和八年京都东方文化学院编《东方文化丛书(第六辑)》本,上海:上海古籍出版社,1995年,第421页。
⑤ 周祖谟校:《广韵校本》,北京:中华书局,1960年,第197页。
⑥ 〔清〕王念孙:《广雅疏证》卷三下,上海:上海古籍出版社,2016年,第513页。

字当作"零"。零,《说文》云:"雨零也,从雨各声。"段注:"此下雨的本字,今则落行而零废。"①段说不确,下雨的本字当是"霝",甲骨文和金文"霝"的字形就是下雨貌,"零"字是后造的形声字,未见行用。零,《说文》云:"余雨也。从雨令声。"段氏改作"徐雨",云:"徐徐而下之雨。"②"霝""零""零"辗转相注,词义无别。

"霝"和"零"音同义近,还是同源词。《说文》引《诗经·豳风·东山》"霝雨其濛",今本"霝"作"零"。《诗经·鄘风·定之方中》"灵雨既零",毛传:"零,落也。"段玉裁以为"霝""零"义殊,以上两"零"字均为"霝"字之讹。③段说不确,"零"字本字当是"霝"。"零"本为雨落之义,引申为堕落、凋零。如《诗经·郑风·野有蔓草》"零露漙兮"④,"零露"即降落的露珠;《离骚》"惟草木之零落兮",王逸注:"零,落堕也,草曰零,木曰落。"⑤实则此处

---

① 〔汉〕许慎撰,〔清〕段玉裁注:《说文解字注》,上海:上海古籍出版社,1981年,第572页。
② 〔汉〕许慎撰,〔清〕段玉裁注:《说文解字注》,上海:上海古籍出版社,1981年,第572页。
③ 〔汉〕许慎撰,〔清〕段玉裁注:《说文解字注》,上海:上海古籍出版社,1981年,第572页。
④ 〔汉〕毛亨传,〔汉〕郑玄笺,〔唐〕孔颖达疏:《毛诗注疏》,台北:艺文印书馆,影印阮刻《十三经注疏》,2011年,第182页。
⑤ 黄灵庚:《楚辞章句疏证》,北京:中华书局,2007年,第72页。

"草""木"不当分训,只是泛指,"零""落"义同,即凋零。由此又引申为人的暮年或死亡之义。"零"又可指零星之雨,故由此又引申为零星、零头。

"灵"和"零"词义不同,彼此互用只是音同而假借。《诗经·郑风·野有蔓草》"零露溥兮",孔疏:"'灵'作'零'字,故为落也。"[1]是孔所据本"零"作"灵"。《隶释·吴仲山碑》"神零有知"[2],是"零"为"灵"之假借。

三、结　语

甲骨文字形不固定,比如"子"和"巳"、"才"和"在"、"育"和"毓"同字,但这还不足以揭示"令""命"同字的原因。汉字造字之初,是根据语言里的词义造出字形,因此字形和词义密切相关。分析字形,了解字的本义,就可探求这些字最初所代表词的古义。"令""命"和"灵"与上古祭祀祝告神祇有关,字形还保留人神杂糅的神秘色彩。《墨子·明鬼下》:"古者圣王必以鬼神为有,其务鬼神厚矣……又恐后世子孙不能知也,故书于竹帛,传遗后世子

---

[1] 〔汉〕毛亨传,〔汉〕郑玄笺,〔唐〕孔颖达疏:《毛诗注疏》,台北:艺文印书馆,影印阮刻《十三经注疏》,2011年,第182页。
[2] 〔宋〕洪适:《隶释》卷九,《四部丛刊(三编)》影印明万历刻本,第3页下。

孙。咸恐其腐蠹绝灭,后世子孙不得而记,故琢之盘盂,镂之金石以重之。"①可见"命""令"和"灵"与祭祀鬼神相关,不足为奇。《礼记·祭法》更详言上古有关自然万物的祭祀甚多,唐、虞、夏、商也只是对这些祭法稍做改动。

然而,周代则与前代不同。商代信天命,好尚武力;而周代则主张以德配天,重视文教。《诗经·周颂·维天之命》"於乎不显,文王之德之纯"和《诗经·周颂·思文》"思文后稷,克配彼天",就突显了周以文德怀天下的主张,体现了巫官文化向礼俗文化的转变。由"命""令"分化可看出,"命"字用以指天命,而"令"字则用以指统治者的政令,值得注意的是"灵"字,明显与上古的巫官文化相关。

古书中,即便"灵"字可引申出美好之义,学者却用假借字"令"去替换。《尚书·吕刑》"苗民弗用灵",孔疏训"灵"为善,言"不用善化民"②是也。《墨子·尚同》引作"苗民否用练",《礼记·缁衣》引作"苗民匪用命",郑玄解作"政令",则是以假借字作本字解,实则"练""令"均为"灵"的假借,训作善。苗民未开化,尚无政教。《吕刑》后云"上帝监民,罔有馨香德",即复指前面的

---

① 〔清〕孙诒让撰,孙启治点校:《墨子间诂》,北京:中华书局,2001年,第237—238页。

② 〔汉〕孔安国传,〔唐〕孔颖达疏:《尚书注疏》,台北:艺文印书馆,影印阮刻《十三经注疏》,2011年,第296页。

"弗用灵"。"灵"本可训作善,美好之义,但后人却常改作"令"。《尚书·盘庚》"弗由灵",郑注"灵,善也",孔疏以为从《尔雅·释诂》文①,今本《尔雅》则作"令"。

《诗经》的"令终",金文皆作"霝冬",即"灵终"。薛尚功《历代钟鼎彝器款识法帖》录《微栾鼎铭》"永令霝终"②,武亿以下字"霝"为"令"③,今郭沫若则直接释作令终。④《周翼敦铭》"霝冬霝令",《宣和博古图》释作令终令命。⑤ 欧阳修另题作《龚伯彝铭》,改释作霝终霝始。⑥ 武亿引《周翼敦铭》,也改作"霝终霝始"⑦。"令"即"命","霝令"即"灵命",美命之义。金文也有"霝令"单用之例(《集成》4330),即美命之义。学者未晓"霝令"之义,故改作"霝始",作善始善终解,显悖原义。《广雅·释言》"霝,令也"下,王念孙注"皆谓善也",其后辑引以上各铭文,却改

---

① 〔汉〕孔安国传,〔唐〕孔颖达疏:《尚书注疏》,台北:艺文印书馆,影印阮刻《十三经注疏》,2011年,第134页。
② 〔宋〕薛尚功:《历代钟鼎彝器款识法帖》,北京:中华书局,1986年,第47页。
③ 〔清〕武亿:《群经义证·书》,《授堂遗书》道光二十二年重刊本,第9页。
④ 郭沫若:《两周金文系图录考释》,北京:科学出版社,1957年,第124页。
⑤ 〔宋〕王黼等撰:《重修宣和博古图录》卷十七,明万历二十七年于承祖刻崇祯九年于道南重修本,第16页。
⑥ 〔宋〕欧阳修著,李逸安点校:《欧阳修全集》,北京:中华书局,2001年,第2065页。
⑦ 〔清〕武亿:《群经义证·书》,《授堂遗书》道光二十二年重刊本,第9页。

释"霝"为"令"①。段玉裁《古文尚书撰异》也言"古'灵''令'通用,皆训善"②。学者有意无意以假借字代之,是对文字所包含的上古巫文化的一种"祛魅",其实就是不愿回溯由巫祝所主掌的蒙昧时代。

考证古文字时,还应注意到语源和字源不一致的问题。黄侃云:"近时章太炎《文始》,只能以言文字,不可以说语言。羊,祥也。火,燬也。以文字论,先有羊、火;以语言论,而祥、燬实在羊、火之先。故《文始》所言,只为字形之根源,而非字音、字义之根源也。"③沈兼士《鬼字原始意义之试探》以为"鬼"与"禺"同为类人怪兽,再引申为族名,以及抽象的"畏"和人死后所想象的灵魂。④然而,以上只能说是"鬼"的字源,不能说语言里鬼神之鬼出现得很晚。实际上,上古人们出于对自然和死亡的恐惧,"鬼"和"畏"在语言里很早就出现了。早先自然神祇和灵魂都可以用"霝"字来表示,后来才用"鬼"字专指人死后的灵魂。"令""命"和"灵"的字源与祝祷鬼神密切相关,正与陈寅恪所言的"凡解释一字即

---

① 〔清〕王念孙:《广雅疏证》卷五下,上海:上海古籍出版社,2016年,第870页。
② 〔清〕段玉裁:《古文尚书撰异》卷二十九,清道光元年七叶衍祥堂刊《经韵楼丛书》本,第5页。
③ 黄侃:《文字声韵训诂笔记》,上海:上海古籍出版社,1983年,第199页。
④ 沈兼士:《鬼字原始意义之试探》,沈兼士著,葛信益、启功整理《沈兼士学术论文集》,北京:中华书局,1986年,第199页。

是一部文化史"之说相应①。不仅如此,从古书喜改"灵"为"令"字,还可探究本民族的文化心理特征。

---

① 陈寅恪:《陈寅恪先生来函》,沈兼士著,葛信益、启功整理《沈兼士学术论文集》,北京:中华书局,1986年,第202页。

论古书"缁""纯"形讹及其影响

"缁"和"纯"是先秦礼书常见字,却常作为一对异文出现在关于冠礼和祭祀的文句中。"缁"为黑布或黑帛,而"纯"则为原丝,对二者的不同选择直接影响对典制的诠解。对此,前人有两种观点:一是以郑玄为代表,认为"缁"古字即"纻","纻"和"纯"常形近而讹。但二者可互用,当色不明时,读"缁";当丝不明时,读"纯"。二是以王念孙、王引之为代表,以为二字不相关,"纯"是"黗"之借字,不须改读"缁",也非"纻"之讹。据出土的战国简帛,不仅可看到"缁"的古字即"纻"字,还可了解"纻"与"纯"如何形近而讹。综考古书,"纯衣""纯帛""纯冕"之"纯"当皆是"纻"字之讹。

一、字形演变

"缁"字,甲骨文和金文未见。《说文》作"緇","从糸甾声"。① 郑玄则以为"古之'缁'字以才为声"②,作"纣",此字不见于《说文》。甲骨文有"❀"字,饶宗颐以为是"❀"的繁体,"❀"即"纣",读为语词之哉。③ 上博楚简缁衣之"缁"即作"❀"(上博简《缁衣》1简),作"糸"旁"才"。郭店楚简"纣"为上下结构,作"❀"(郭店《老子》21简)。从甲骨文到隶书,"糸"字符无明显变化,主要是"才"字符。才,甲骨文作"❀"(《合集》10728),金文作"❀"(《集成》2837)、"❀"(《集成》5996)。到了战国楚简帛,则作"❀"(郭.老甲.4),共有17例;或作"❀"(郭.缁.37),共有8例;或作"❀"(上〔2〕.鲁2),共有9例。④

"纯"字,金文颂簋"玄衣黹屯"和"康虎屯右"(《集成》4332)

---

① 〔汉〕许慎撰,〔宋〕徐铉校定:《说文解字》,北京:中华书局,2013年,第275页。
② 王素撰:《唐写本〈论语郑氏注〉及其研究》,北京:文物出版社,1991年,第104页。
③ 饶宗颐:《殷代贞卜人物通考》卷七"亘"条,《饶宗颐二十世纪学术文集·甲骨》,北京:中国人民大学出版社,2009年,第293页。
④ 滕壬生:《楚系简帛文字编增订本》,武汉:湖北教育出版社,2008年,第561页。

均作"![屯]","屯"字即"纯"字,古"纯"字可以直接省"糸"旁,作"屯"。上博简《民之父母》"屯得同明"之"屯"亦为"纯"之省笔。包山楚简"纯"有"![纯1]"(263.六例)和"![纯2]"(271.二例)两种写法。① 汉石经《尚书·君奭》"天惟纯右命","纯"则作"![纯3]"和"![纯4]"。②《汗简》所录古文作"![纯5]",《古文四声韵》作"![纯6]"。③ "屯"字符,甲古文作"![屯1]"(《合集》17598),象两骨对合之形,金文误将两骨对合空隙当作表肥笔的空廊填实作"![屯2]"(《集成》2509)④,已不见两骨原貌。到了战国楚简,作"![屯3]"(信2.09),有30例之多;而作"![屯4]"(曾16)者也有13例。⑤

在甲骨文和金文中,"才"和"纯"的字形还是有比较明显的区分的。但到了战国简帛,二者字形已非常相似:"才"字符作"![才1]",而"屯"字符作"![屯5]";"才"省笔作"![才2]",而"屯"省笔作

---

① 张守中撰集:《包山楚简文字编》,北京:文物出版社,1996年,第189页。
② 商承祚:《石刻篆文编》卷十三,北京:中华书局,1996年,第591页。
③ 〔宋〕郭忠恕编:《汗简》,北京:中华书局,1983年,第35页。〔宋〕夏竦编:《古文四声韵》卷一,北京:中华书局,1983年,第17页。
④ 张桂冠:《古文字的形体讹变》,《古文字研究(第十五辑)》,北京:中华书局,1986年,第172页。
⑤ 滕壬生:《楚系简帛文字编(增订本)》,武汉:湖北教育出版社,2008年,第58页。

"才"。抄写时很容易混淆。

二、词义引申

缁，《说文》云"帛黑色"。据《考工记·钟氏》云："三入为纁，五入为緅，七入为缁。"①钟氏染羽毛，浸染入黑色染汁中三次成纁，五次成緅，到了七次才成缁，可见缁是深黑色。缁衣，则是黑色帛做成的朝服，《诗经·郑风·缁衣》"缁衣之宜兮"，郑笺："缁衣者，居私朝之服也。天子之朝服，皮弁服也。"②就是说缁衣是古代卿大夫到官署所穿之衣。"缁"字还可直接指代黑色的布或帛等丝织品。《论语·子罕》"麻冕，今纯"，郑注："'纯'当为'缁'，此'缁'谓黑缯也。"③即以色指代物品。"纔"，甲骨文用作语气词，与"缁"是古今字，后来，"缁"行而"纔"则不用，唐孔颖达以为："缁为古布、帛两名，但字从才者为帛，从甾者为布。"④其说

---

① 〔汉〕郑玄注，〔唐〕贾公彦疏：《周礼注疏》，台北：艺文印书馆，影印阮刻《十三经注疏》，2011年，第623页。
② 〔汉〕毛亨传，〔汉〕郑玄笺，〔唐〕孔颖达疏：《毛诗注疏》，台北：艺文印书馆，影印阮刻《十三经注疏》，2011年，第161页。
③ 王素撰：《唐写本〈论语郑氏注〉及其研究》，北京：文物出版社，1991年，第104页。
④ 〔汉〕毛亨传，〔汉〕郑玄笺，〔唐〕孔颖达疏：《毛诗注疏》，台北：文艺印书馆，影印阮刻《十三经注疏》，2011年，第511页。

不确。

纯,《说文》云:"丝也,从糸屯声。"①"屯"是声符,"糸"是意符,"纯"的本义即是原料丝。"纯"和"醇"是同源字②,皆可引申为不杂、纯粹。醇,《说文》云"不浇酒也"③,即不掺杂水的酒。段玉裁云"假'纯'为'醇'也"④,以"纯"为"醇"之假借,不确。钱坫以为"纯"当为丝不杂义,则以引申义为本义。"纯"字又由纯粹之义引申为全、大、皆,由不杂之义引申为美、善,在礼书中又因音近而假借为"缘"。"缘"即用不同质地和颜色的布料镶衣服的边缘。《仪礼·既夕礼》"缁纯",郑注:"缁,黑色也。饰衣曰纯,谓领与袂。"⑤即谓"纯"为衣领和袖口上黑色的镶边。商承祚又以为出土楚简上将器物的边沿也谓之"纯"。

"纯"字并非"黗"字的假借。《说文》云:"黗,黄浊黑。从黑屯声。"⑥"黗"和"纯"皆取"屯"声,然而出土和传世文献均未见二者通假之例。"黗"是生僻字,先秦文献未见。段玉裁以为此字

---

① 〔汉〕许慎撰,〔宋〕徐铉校定:《说文解字》,北京:中华书局,2013年,第272页。
② 王力:《同源字典》,北京:中华书局,2014年,第548页。
③ 〔汉〕许慎撰,〔宋〕徐铉校定:《说文解字》,北京:中华书局,2013年,第313页。
④ 〔汉〕许慎撰,〔清〕段玉裁注:《说文解字注》,上海:上海古籍出版社,1981年,第643页。
⑤ 〔汉〕郑玄注,〔唐〕贾公彦疏:《仪礼注疏》,台北:艺文印书馆,影印阮刻《十三经注疏》,2011年,第476页。
⑥ 〔汉〕许慎撰,〔宋〕徐铉校定:《说文解字》,北京:中华书局,2013年,第210页。

可能是"齽"。①《礼记·檀弓》"孺子齽之丧也",郑注:"鲁公子名,亦黄色。"②《广韵》分录"齽"和"䵦"二字,均为黄色,二者音义同。③"䵦"也可为人名,《吕氏春秋》"墨者巨子腹䵦",高诱注:"巨姓,腹䵦字。"④"䵦"从黄部,《说文》云"黄,地之色",只有黄色之义。首先,"黗"和"䵦"词义并不相同,即便相同,"黗"字也只用于人名,与礼制无关。其次,"纯"和"缁"均可作布的质料,而"黗"只有颜色的义项,比如《子罕》"麻冕,纯也",是论冕的质料而非颜色,因为冕古今皆为黑色。

三、二者关系

"缁"(纣)上古在庄母之部⑤,而"纯"字上古在禅母文部⑥;庄是齿音,而禅母则是舌音;之部为阴声韵,而文部为阳声韵,之

---

① 〔汉〕许慎撰,〔清〕段玉裁注:《说文解字注》,上海:上海古籍出版社,1981年,第488页。
② 〔汉〕郑玄注,〔唐〕孔颖达疏:《礼记注疏》,台北:艺文印书馆,影印阮刻《十三经注疏》,2011年,第191页。
③ 周祖谟校:《广韵校本》,北京:中华书局,1960年,第121页。
④ 许维遹撰:《吕氏春秋集释》,北京:中华书局,2009年,第31页。
⑤ 郭锡良编著:《汉字古音手册(增订本)》,北京:商务印书馆,2010年,第92页。
⑥ 郭锡良编著:《汉字古音手册(增订本)》,北京:商务印书馆,2010年,第387页。

文二部相差甚远。二字古音不同。

"纯"的本义即丝。上古无棉花，衣服除毛皮外，就是麻和丝。制布用麻不仅烦琐，且不如丝轻盈，故丝布较流行，丝织品又统称"缯"或"帛"。西周以后的贵族所穿皆是丝织品，就连祭祀所戴的麻冕，也改麻为缯帛。丝作为原料，是不染色的，《礼记·郊特牲》"大古冠布，齐则缁之"①，平时所戴布冠是无色的，只有祭祀时采用染色的布冠。"纯"字无法引申出黑色丝这一义项，而郑玄训"纯"为黑丝，因为"纯"字实是"纱"字之讹。《礼记·玉藻》"大夫佩水苍玉而纯组绶"，郑注"'纯'当为'缁'"②。黄焯以为"郑意以此'纯'字，即读为'纱'"③。但"读为"是用本字破假借字，"纯"和"纱"古音不通，这里"读为"应是订正讹字。

礼书"纯衣"一词，郑玄从原字读，释作丝衣。孔颖达疏不破注，以为郑玄解"纯"或为丝，或为色，是"皆望经为注。若色理明者，以丝解之；若丝理明者，以色解之"④。即言如果丝帛文理分明，而不见色，则改"纯"为"缁"；如果看到丝帛的颜色，却未见其

---

① 〔汉〕郑玄注，〔唐〕孔颖达疏：《礼记注疏》，台北：艺文印书馆，影印阮刻《十三经注疏》，2011年，第504页。
② 〔汉〕郑玄注，〔唐〕孔颖达疏：《礼记注疏》，台北：艺文印书馆，影印阮刻《十三经注疏》，2011年，第564页。
③ 黄焯撰：《经典释文汇校》，北京：中华书局，1980年，第212页。
④ 〔汉〕郑玄注，〔唐〕贾公彦疏：《仪礼注疏》，台北：艺文印书馆，影印阮刻《十三经注疏》，2011年，第15页。

质料,则仍从"纯"字解。卢文弨《经典释文考证》从其说。① 然而这些礼服均是丝织品,由丝制而成,无须分辨。比如:

(1)《仪礼·士冠礼》"爵弁服,纁裳,纯衣,缁带,韎韐",郑注:"纯衣,丝衣也。余衣皆用布,唯冕与爵弁服用丝耳。先裳后衣者,欲令下近缁,明衣与带同色。"②爵弁服也称雀弁服,郑注:"赤黑曰雀。"③这里"纯衣"也是黑衣。

(2)《仪礼·士昏礼》"女次,纯衣纁袡",郑注:"纯衣,丝衣。女从者,毕袗玄,则此亦玄矣。"④毕,同也。"袗玄"即上下同色的玄衣玄裳,女方随嫁者都是穿着黑色的衣裳。此"纯衣"实则是黑色的上衣。

(3)《史记·五帝纪》"黄收纯衣,彤车乘白马",《集解》引徐广言:"纯,一作纣。"《索隐》也云"纯,读曰'缁'"⑤。

王念孙以为以上三例,"义主于色而不主于丝。若训为丝,则

---

① 〔清〕卢文弨撰:《经典释文考证》,《续修四库全书》第180册,乾隆常州龙城书院刻本,上海:上海古籍出版社,1995年,第261页。
② 〔汉〕郑玄注,〔唐〕贾公彦疏:《仪礼注疏》,台北:艺文印书馆,影印阮刻《十三经注疏》,2011年,第15页。
③ 〔汉〕孔安国传,〔唐〕孔颖达疏:《尚书注疏》,台北:艺文印书馆,影印阮刻《十三经注疏》,2011年,第280页。
④ 〔汉〕郑玄注,〔唐〕贾公彦疏:《仪礼注疏》,台北:艺文印书馆,影印阮刻《十三经注疏》,2011年,第49页。
⑤ 〔汉〕司马迁撰:《史记》,北京:中华书局,1959年,第16页。

于文不类矣"①,王说是也。郑玄虽训为丝衣,可又增注此衣为黑衣,故后人又误将"纯"字解释为黑丝。实则"纯"字即"纱"字之讹,《礼记·檀弓》"天子之哭诸侯也,爵弁绖,纱衣",郑注"纱衣"为"士之祭服"。②《经典释文》云"纱,本有作'缁',又作'纯'"③。孔颖达疏释作丝衣,或其所见本即"纯衣",此即"缁衣"讹作"纯衣"之证。以上三例,均当作"缁衣",缁衣可以指黑色的上衣,或黑色的整套服饰。

礼书中还有纯帛、纯服、纯冕。《周礼·地官》"凡嫁子娶妻入币,纯帛无过五两",郑注"'纯'实'缁'字"④,则"纯帛"当为"缁帛"。然而,纯服、纯冕,郑玄又从原字读。

(4)《礼记·祭统》:"天子亲耕于南郊,以共齐盛。王后蚕于北郊,以共纯服。诸侯耕于东郊,亦以共齐盛。夫人蚕于北郊,以共冕服。"郑注:"纯服亦冕服也,互言之尔。纯以见缯色,冕以着祭服。"⑤郑注"互言",就是互文见义,两句说的是同一件事,只是

---

① 〔清〕王引之:《经义述闻》卷十,江苏:江苏古籍出版社,2000 年,第 232 页。
② 〔汉〕郑玄注,〔唐〕孔颖达疏:《礼记注疏》,台北:艺文印书馆,影印阮刻《十三经注疏》,2011 年,第 153 页。
③ 〔唐〕陆德明撰,黄焯断句:《经典释文》,北京:中华书局,1983 年,第 170 页。
④ 〔汉〕郑玄注,〔唐〕贾公彦疏:《周礼注疏》,台北:艺文印书馆,影印阮刻《十三经注疏》,2011 年,第 217 页。
⑤ 〔汉〕郑玄注,〔唐〕孔颖达疏:《礼记注疏》,台北:艺文印书馆,影印阮刻《十三经注疏》,2011 年,第 831 页。

换个词来表达。纯服就是冕服,冕服就是吉礼所穿的黑色祭服。《释文》云:"侧其反。注及下'纯冕'同。"王引之以为"侧其反"读为"黰"。① 实则"侧其反"即"缁"字的读音。唐写本《论语·子罕》"麻冕,礼也。今纯",郑注"'纯'当为'缁'"②,《释文》云:"郑作'侧基反'。"③此即其证。《祭统》下文"君纯冕立于阼"之"纯冕"也当读作"缁冕"。

四、结　语

第一,从前面例子可以得出"缁"的古字"纔",在战国时与"纯"字的字形非常相近,古书"缁"和"纯"作为异文出现,当时二者形近而讹。但二者古音不相通,词义也无关联,并非假借或引申的关系。"纯"和"缁"不相通假,今《汉语大词典》所录"纯"字解释中,有"'纯'通'缁'"义项,以及"纯服"下注"'纯'通'缁'"④,均释为"黑色丝织物",其说并不准确。

---

① 〔清〕王引之:《经义述闻》卷八,江苏:江苏古籍出版社,2000年,第204页。
② 王素撰:《唐写本〈论语郑氏注〉及其研究》,北京:文物出版社,1991年,第104页。
③ 〔唐〕陆德明撰,黄焯断句:《经典释文》,北京:中华书局,1983年,第349页。
④ 罗竹凤主编:《汉语大词典》九卷,上海:上海辞书出版社,2008年,第752—753页。

第二,王念孙、王引之认为"纯"读为"黗"之说不确。"黗"为生僻字,不见于先秦古书,传世和出土文献均未见二者通假之例。礼制吉服为黑色祭服,黗衣则为黄黑色服,与礼制不合。"黗"也无法指代布的质料。今《汉语大词典》和《辞源》均录"纯衣"条①从王引之《经义述闻》"纯"通"黗"之说,也不准确。

第三,"纯"的本义即白色丝,而非黑色丝。纯衣、纯帛和纯冕,"纯"字皆为"缁"字之讹。郑玄从原字读不确。西周贵族所穿的衣服,不论是日常还是祭祀,皆以丝为质料,"纯"字本义不必使用。也正因如此,礼书中"纯"字被假为"缘"字,即衣服的镶边,而不会引起误读。礼书所见皆是"缁"字讹作"纯"字,而无"纯"字讹作"缁"字之例。

---

① 罗竹凤主编:《汉语大词典》九卷,上海:上海辞书出版社,2008年,第753页。商务印书馆编辑部编:《辞源》,北京:商务印书馆,1988年,第1307页。

辨《孟子》之"粪田"和"粪""分"通假

《孟子》"一夫百亩,百亩之粪"和"凶年,粪其田而不足"两段,是研究上古社会农业技术和税收的重要史料。然而,学者对于"粪"和"粪田"两词,却众说纷纭而不得确解。研究古代农业史的学者认为"粪"即人畜屎尿,"粪田"即以屎尿施肥,未晓"粪"字本义与屎尿无关,而是扫除灰尘、整治环境之义,"粪田"则是以草木灰洒田。草木灰除了用作肥料,还可改变土壤结构和防治病虫害,是非常重要的生产资料。"粪""分"二字通假,《论语》"五谷不分"和"粪土之墙"均与"粪"字词义密切相关。

一、《孟子》之"粪田"

《孟子》涉及"粪田"者有两处,一是《万章下》叙孟子回答北宫锜问周朝官爵制度和俸禄的问题,以为他们俸禄的等差是根据农夫耕种的收获来制定的:

一夫百亩;百亩之粪:上农夫食九人,上次食八人,中食七人,中次食六人,下食五人。庶人在官者,其禄以是为差。①

二是《滕文公上》言夏商周的税收制度,叙及夏代的"贡"法的问题时:

贡者,校数岁之中以为常。乐岁,粒米狼戾,多取之而不为虐,则寡取之;凶年,粪其田而不足,则必取盈焉。②

诸家对此大抵有三种解释:一是认为用人畜屎尿来施肥。赵岐注:"百亩之田,加之以粪,是为上农夫。"朱熹注:"一夫一妇,佃田百亩,加之以粪,粪多而力勤者,为上农。"③二者均释"粪"作粪肥,即人畜屎尿之肥。学者胡厚宣也释为粪肥,以证西周农业已开始以屎尿施肥。④

二是认为是一种浸种和除草之法。焦循认为"粪田"即"饶粪

---

① 〔汉〕赵岐注,〔宋〕孙奭疏:《孟子注疏》,台北:艺文印书馆,影印阮刻《十三经注疏》,2011年,第178页。
② 〔汉〕赵岐注,〔宋〕孙奭疏:《孟子注疏》,台北:艺文印书馆,影印阮刻《十三经注疏》,2011年,第91页。
③ 〔宋〕朱熹:《四书章句集注》,北京:中华书局,1983年,第317页。
④ 胡厚宣:《殷代农作施肥说》,《历史研究》1955年第1期。

之事",包括"粪种"和"除草"。① "粪种"出自《周礼·地官》"草人,掌土化之法以物地,相其宜而为之种。凡粪种,骍刚用牛,赤缇用羊,坟壤用麋,渴泽用鹿,咸潟用貆,勃壤用狐,埴垆用豕,强㯺用蕡,轻爂用犬。"据郑玄注:"凡所以粪种者,皆谓煮取汁也。"郑众注:"用牛,以牛骨汁渍其种也,谓之粪种。"② 是二郑以"粪种"为煮骨汁浸种之法。"除草"之法,据《周礼·秋官》:"薙氏掌杀草,若欲其化也,则以水火变之。"郑注:"谓以火烧其所芟萌之草,已而水之,则其土亦和美矣。《月令》:'季夏烧薙行水,利以杀草,如以热汤。'是其一时著之。"③ 就是以火烧水淹来除草肥田。宋翔凤注:"凡治田,当先治其芜秽。《杨恽传》曰:'田彼南山,芜秽不治。'言不粪也。"④ 治芜秽其实也是清除田地丛生的杂草之义。

三是认为此二"粪"字当作"播"字。陈鸿森先生认为各家未达文意,"百亩之粪"是以肥瘠定其差等,而不是依据后来所施之粪或所施之力为定准,"粪"当作"播","百亩之粪"即"百亩所

---

① 〔清〕焦循撰,沈文倬点校:《孟子正义》,北京:中华书局,1987年,第689页。
② 〔汉〕郑玄注,〔唐〕贾公彦疏:《周礼注疏》,台北:艺文印书馆,影印阮刻《十三经注疏》,2011年,第246页。
③ 〔汉〕郑玄注,〔唐〕贾公彦疏:《周礼注疏》,台北:艺文印书馆,影印阮刻《十三经注疏》,2011年,第558页。
④ 〔清〕宋翔凤:《孟子赵注补正》卷五,广雅书局刊本,第21页。

种"。陈先生举王弼、河上本《老子》四十六章"天下有道,却走马以粪",傅奕本"粪"字作"播",以为二字相通之证。"粪其田而不足"之"粪"亦当读为"播",即言:"凶年所获之谷,以为播种且犹不足,奈何其税收必如常数而征之,此则将尽夺民食矣。"①

各家之说皆言之有据,然而,笔者以为"粪"字和"粪田"的确诂,除了结合上下文语境外,还应综考甲骨文"粪"的本义和上古农业发展史,因为词义具有时代性和社会性。

二、"粪"字本义和"粪""播"异文

"粪"字,甲骨文作"𦥑""𦥑"(《合集》18181,3239),"𠙴"即"箕"字的古文。"箕"字,《说文》云:"簸也,从竹甘。""竹"字后加,甲骨文作"𠙴"。"粪"字是会意字:一手持簸箕,另一手拿扫帚,将灰尘扫入簸箕中。罗振玉还收"𠬶"字②,"木"象树木之形,当是树枝。"粪"字甲骨文又省作"𠀉"(乙906),"𠂉"即土。"粪"字小篆作"䉤",《说文》云:"弃除也。从廾推華弃釆也。官

---

① 陈鸿森:《〈孟子〉"百亩之粪"、"粪其田而不足"解》,《中国经学(第十一辑)》,桂林:广西师范大学出版社,2013年,第59—66页。
② 罗振玉:《增订殷虚书契考释》,《罗振玉学术论著集(第一集)》,上海:上海古籍出版社,2013年,第237页。

溥说:似米而非米者,'矢'字。"①"華"也是簸箕竹器。"弃除",段玉裁以为"粪方是除,非弃也","弃"为"粪"之误。② 即双手推簸箕去除粪。"矢"字,就是"屎"字,"矢"为"屎"的假借字。"似米而非米者"或是灰、土和￥三者相结合而成。

从甲骨文字形来看,"粪"字的本义应是将灰、土块和树枝等扫除到簸箕中,而非是人畜之屎。《左传》昭公三年"小人粪除先人之敝庐"③,即用"粪"字本义。又可直指扫除的秽物,秦简《日书》(817反言)"臧(藏)于垣内中粪蔡下"④,"蔡",《说文》云"草也","粪"即秽物堆,即言老鼠藏于墙内的秽物堆和杂草下。段玉裁云:"凡粪田多用所除之秽为之,故曰粪。"⑤其说并不确切,因为直接以秽物洒田,会给农作物带来病虫害。"粪田"应是焚烧所扫除的秽物,取其灰洒田。比如秦简《日书》(126正叁)"癸未,不

---

① 〔汉〕许慎撰,〔宋〕徐铉校定:《说文解字》,北京:中华书局,2013年,第78页。
② 〔汉〕许慎撰,〔清〕段玉裁注:《说文解字注》,上海:上海古籍出版社,1981年,第158页。
③ 〔晋〕杜预注,〔唐〕孔颖达疏:《春秋左传注疏》,台北:艺文印书馆,影印阮刻《十三经注疏》,2011年,第725页。
④ 睡虎地秦墓竹简整理小组编订:《睡虎地秦墓竹简》,北京:文物出版社,1990年,第219页。
⑤ 〔汉〕许慎撰,〔清〕段玉裁注:《说文解字注》,上海:上海古籍出版社,1981年,第158页。

可燔粪"①,"燔"即焚烧,"粪"即秽物。"粪田"和"粪壤"相同,均指以草木灰来施洒农田,以改良土壤性质。王充《论衡》:"(地)垆而垎者性恶,深耕细锄,厚加粪壤,勉致人功,以助地力,其树稼与彼肥沃者相似类也。"②即用"粪壤"来改变土壤"垆而垎"(贫瘠)的性质。"粪"字解释为屎,最早见于东汉赵晔《吴越春秋·勾践入臣外传》:"今者臣窃尝大王之粪。"③其后许慎所采通人之一的官溥也作屎解。后人未晓二字差异,以为"粪田"是用屎尿来施肥田地,忽略了上古农业生产的实际情况。

自然农业发展分为两个阶段:第一阶段称为"生荒耕作制",人们以山林为耕地,砍伐树木后晒干烧掉,不翻土直接播种,这种耕地经过一年就要抛荒,人们年年觅新地砍烧,过着迁徙不定的生活。第二阶段称为"熟荒耕作制",人们制造锄、铲一类的翻土工具,懂得播种前先松土,这样一块林地烧荒后可以种植若干年后再抛荒,这时农业技术重点在土地加工上,人们也相对定居。④

那么甲骨文时期的殷周农业情况又如何?一些研究殷代经济史的学者据《说文》"焚,烧田也",以为殷代还是停留在自然农

---

① 睡虎地秦墓竹简整理小组编订:《睡虎地秦墓竹简》,北京:文物出版社,1990年,第200页。
② 黄晖撰:《论衡校释》,北京:中华书局,1990年,第73页。
③ 〔汉〕赵晔:《吴越春秋》卷四,明《古今逸史》本,第17页。
④ 李根蟠:《中国农业史》,台北:文津出版社,1997年,第19页。

业阶段,不知施肥,栽种若干年后另辟新地。① 即以上"熟荒耕作制"。胡厚宣力辨其非,考证甲骨文和《说文》的"焚"字,是用焚烧的办法来田猎,与耕作无关;甲骨文的"屎"即"屎"字,人们在厕所旁建猪圈,用人畜粪便作肥料。② 胡氏之说是也,殷代早已摆脱原始农业的两个阶段,习惯定居生活。然而,殷人如果不再抛荒,就要解决土地肥力退化的问题。决定一个地区的土壤养分有两个主要因素:一是有机质、二是矿物质。人畜粪便和腐烂的杂草只是补充土壤的有机质,而想避免土地板结和矿物质流失,还是得补充矿物质。补充之法就是收集草木灰,然后施洒农田。南宋陈旉《农书》称之为"火粪"法,即将"扫除之土,燃烧之灰,簸扬之糠秕,断稿落叶,积而焚之"③,然后再以此灰来施田。今福建闽南语也有"烧粪",其义与"火粪"同,所烧之物也非人畜粪便,保留了"粪"字的古义。

为何草木灰对农业如此重要?这是因为草木灰有以下三方面的作用:一是可作为肥料,补充土壤多种矿物质。主要是钾,有助于需要钾肥较多植物,比如豆类的生长,且草木灰呈碱性,具有中和土壤酸性的作用。《周礼·地官》的"粪种",二郑以为是骨

---

① 万国鼎:《中国田制史》,北京:商务印书馆,2011年,第7—8页。
② 胡厚宣:《殷代农作施肥说》,《历史研究》1955年第1期。
③ 〔宋〕陈旉:《农书》卷上,乾嘉《知不足斋丛书》本,第8页。

汁浸种之法；但项安世和江永则以为"种"读去声，是以兽骨的灰来洒诸田，更言驿刚（赤色而坚硬）的土地，就是浸骨汁也难以生长。① 项、江二氏之说是也，土壤成分未改良，即便种子可以发芽，也难开花结果。"粪种"应是把兽骨灰和草木灰混合来种植，二种灰中含有多种矿物质，可有效改良土壤的性质，这正与"草人"掌"土化之法"相应。二是可防病虫害。草木灰中含有碳酸钾、氢氧化钾和磷酸钙，可用来防虫害。《周礼·秋官》："赤发氏掌除墙屋，以蜃炭攻之，以灰洒毒之。"②"蜃"即大蛤，用蛤灰和烧蛤的木炭灰来驱除虫，用混入水的蛤炭灰来洒墙毒杀虫。农夫将草木灰洒于农作物的叶面上，同样也能防病杀虫。三是可保温防冻。一旦遇到寒潮或倒春寒的天气，草木灰可起到保温防冻作用。此外，草木灰可作为种肥，与种子一起播下。然而，人畜粪尿却不宜作为种肥，因为种子一旦与之接触，会影响种子正常发芽，以及感染病虫害。在农业实践中，一块田地不可长期单用粪尿肥，因为粪尿肥的主要成分是氮，磷、钾含量少，而草木灰则富含磷、钾，二者互补，才可保障农田肥力不退化。

"粪"和"播"是否同字？播，《说文》云："播，种也。一曰布

---

① 〔清〕孙诒让著，汪少华整理：《周礼正义》，北京：中华书局，2015年，第1427页。
② 〔汉〕郑玄注，〔唐〕贾公彦疏：《周礼注疏》，台北：艺文印书馆，影印阮刻《十三经注疏》，2011年，第558页。

也。从手番声。𢿥，古文'播'。""播"是形声字，从手番声，本义是下种、播种，引申为传布、分散。金文作"𢿥"，郭沫若云："《说文》播，古文作'𢿥'。此省从釆，釆番古本一字。"①是金文"𢿥"为"𢿥"字省文。"播"字的声符是"番"和"釆"，《说文》以为是兽足或兽爪。而"糞"字的"釆"是意符，据字形应是灰土和树枝的混合物。"播"和"糞"，不仅字形和字义不同，而且古音也不相同。"播"字上古在帮母歌部，"糞"字上古在帮母文部，歌为阴声部，拟音为[a]，文为阳生韵，拟音为[ən]，二字韵部不同。"播"中古在帮母、过韵、合口、一等、去声、果摄，而"糞"字中古在帮母、问韵、合口、三等、去声、臻摄②，"糞"字为三等字，多了介音，二字在中古也不同。从异文上看，《老子》四十六章："天下有道，却走马以糞；天下无道，戎马生于郊。""糞"，敦煌本作"堇"，罗振玉以为乃"糞"之别构。③ 帛书甲本、乙本均作"糞"字。传世吴澄本"糞"下有"车"字，作"却走马以糞车"；但吴澄言其本异文出自张衡《东京赋》"却走马以糞车"④，如此，可知两汉所见各本皆作

---

① 郭沫若：《两周金文辞大系图录考释》，北京：科学出版社，1957年，第26页。
② 郭锡良编著：《汉字古音手册（增订本）》，北京：商务印书馆，2010年，第36、371页。
③ 朱谦之：《老子校释》，北京：中华书局，1984年，第185页。
④ 高明：《帛书老子校注》，北京：中华书局，1996年，第47页。

"粪"字,唯唐初傅奕本才作"播"字。如"粪""播"同字,"播车"一词又如何解释?因此,"粪"和"播"同字或通假之说不确。

"粪"由扫除、清除之义,可引申为整治。"百亩之粪"即百亩之治,百亩之治是宾语前置句,"之"是代词,复指前面的宾语,即治百亩。据下文义,省略了"所得粮食",因为下文是根据耕者所获来定等差。又"粪其田而不足"若言"播种且犹不足",则几乎是颗粒无收,不是凶年而是灾年。因为"春种一粒粟,秋收万颗子"(李绅《悯农》),留作播种的谷种只需很少一部分。孔广森以为岁凶则无余粟用来买粪肥,因为用于"粪种"的各种兽骨灰是由专人(草人)制作出售的,农夫无以自足,要"待粟而易之"①,其说是也。赵岐释为"民人粪治其田"②,即整治田地;朱子释作壅也③,即在植物的根部施肥;焦循以为是除草用作肥料④,皆不涉及凶年之义。因为除草施肥、整治田地是农夫的日常农务,不论乐岁还是凶岁均如此。然而,若农夫遇凶年,无钱购买肥料,则"一岁遇凶,厪三岁而后其力可复"⑤,直接影响的是连续三年的

---

① 〔清〕孔广森:《经学卮言》,北京:中华书局,2017年,第99页。
② 〔汉〕赵岐注,〔宋〕孙奭疏:《孟子注疏》,台北:艺文印书馆,影印阮刻《十三经注疏》,2011年,第91页。
③ 〔宋〕朱熹:《四书章句集注》,北京:中华书局,1983年,第255页。
④ 〔清〕焦循撰,沈文倬点校:《孟子正义》,北京:中华书局,1987年,第339页。
⑤ 〔清〕孔广森:《经学卮言》,北京:中华书局,2017年,第99页。

农业收获。因此,"粪其田而不足"之"粪"当释作农民需要购买的一种灰肥。

三、"粪""分"之通假

"粪"和"分"可通假,与《孟子》"百亩之粪"之说相近者,有《礼记·王制》:

> 制农田百亩;百亩之分:上农夫食九人,其次食八人,其次食七人,其次食六人,下农夫食五人。庶人在官者,其禄以是为差也。①

郑玄注:"'分'或为'粪'。"是"粪""分"二字可通假。钱大昕和朱骏声据此段认为《孟子》"百亩之粪"的"粪"字当作"分","粪"为假借字②,但二氏并未疏证。然而,"百亩之分"即分百亩之田,已与前文"制农田百亩"语义重复。因此《王制》"百亩之分"的

---

① 〔汉〕郑玄注,〔唐〕孔颖达疏:《礼记注疏》,台北:艺文印书馆,影印阮刻《十三经注疏》,2011年,第214页。
② 〔清〕钱大昕著,杨勇军整理:《十驾斋养新录》,上海:上海书店出版社,2011年,第51页。〔清〕朱骏声撰《说文通训定声》卷十五,《续修四库全书》第221册,影印清道光二十八年刻本,上海:上海古籍出版社,1995年,第240页。

屯蒙集

"分"字,当为"粪"字的假借。《论语》"五谷不分"之"分"也是如此,《论语·微子》:

> 子路从而后,遇丈人以杖荷蓧。子路问曰:"子见夫子乎?"丈人曰:"四体不勤,五谷不分,孰为夫子?"植其杖而芸。①

"五谷"是指稷、黍、麦、菽和麻。"五谷不分",一是历来学者或从原字解,朱熹《论语集注》:"分,辨也;五谷不分,犹言不辨菽麦尔。责其不事农业,而从师远游也。"②然而,五谷各异,不难辨识;且孔子及其弟子熟读《诗经》而"多识于草木鸟兽之名"。如此解释,此理未洽,故与朱熹同时代的吕本中即训作"荷蓧丈人自谓"。清代俞樾也认为说的是荷蓧丈人,更言:"两'不'字皆语词,丈人盖自言惟四体是勤,五谷是分而已。"③若训"分"为辨别,不免为之曲解文义。二是把"分"训为分别种植之义,何晏《论语集解》引

---

① 〔魏〕何晏注,〔宋〕邢昺疏:《论语注疏》,台北:艺文印书馆,影印阮刻《十三经注疏》,2011年,第166页。
② 〔宋〕朱熹:《四书章句集注》,北京:中华书局,1983年,第185页。
③ 〔清〕刘宝楠撰,高流水点校:《论语正义》,北京:中华书局,1990年,第724页。

辨《孟子》之"粪田"和"粪""分"通假

包咸云"不勤劳四体,不分殖五谷"①,清王夫之训作"细别其种",即根据土地差异而种植不同的谷物②,即言孔子及其弟子不会因地制宜来种植五谷。与前增字解经不同,皇侃直训:"分,播种也。"③然而,"分"字有分散之义,却难以引申出播种。三是以"分"为"粪"字的假借,宋翔凤以为:"分,当读如《草人》'粪种'之'粪',必先粪种而后五谷可治。"④然而,宋氏未释"粪种"究竟是浸种之法,还是兽骨灰施肥之法。陈鸿森也认为当作"粪"字,训为播,又引证《庄子·盗跖》盗跖斥仲尼"不耕而食,不织而衣",认为此句是"逸民讥斥仲尼不事生产而徒游说设教也"⑤。

"五谷不分"之"分"当读为"粪"。"粪"有整治之义,整治五谷即耕种五谷。耕种不仅包括播种,还包括翻土、施肥、浇水、除草、防治虫害等日常农务。皇侃引袁氏说云:"其人已委曲识孔子,故讥之四体不勤,不能如禹稷躬植五谷,谁为夫子而索耶?"⑥袁说甚确。"躬植五谷"即亲自耕种五谷。《论语·子路》中樊迟

---

① 〔魏〕何晏注,〔宋〕邢昺疏:《论语注疏》,台北:艺文印书馆,影印阮刻《十三经注疏》,2011年,第166页。
② 〔清〕王夫之:《四书稗疏》卷一,清光绪十三年潞河啖柘山房刻本,第31页。
③ 〔梁〕皇侃撰,高尚榘整理:《论语义疏》,北京:中华书局,2013年,第485页。
④ 〔清〕宋翔凤:《论语说义》卷九,清光绪十四年《皇清经解续编》本,第6页。
⑤ 陈鸿森:《〈孟子〉"百亩之粪"、"粪其田而不足"解》,《中国经学(第十一辑)》,第65页。
⑥ 〔梁〕皇侃撰,高尚榘整理:《论语义疏》,北京:中华书局,2013年,第485页。

向孔子请教种田之事,孔子言我不如农夫;樊迟又请教种菜之事,孔子又言我不如菜农。① 此即孔子不"躬植五谷"之证。

以上是"分"是"粪"的假借之证,那么,"粪"是否也可以是"分"的假借?《论语·公冶长》曰:"宰予昼寝,子曰:'朽木不可雕也,粪土之墙不可杇也,于予与何诛?'"②陈鸿森以为"粪"字当读为"分",即"分崩离析"之义,言崩坏之墙,不复可以泥涂之。然而,如从其言,经文作"分墙不可杇也"即可,"土"字又作何解?"粪土"是说明墙的材质,此"粪"字不当破读,"粪土之墙"即混杂草木灰的土墙。

先秦的草木灰土墙可分为两种:一是土坯墙,先制土坯砖,再以砖砌墙。制砖时,在土坯砖模内洒草木灰,可以吸收土的水分,防止土和模子粘连。二是夯土墙,直接填土入木模,夯实作墙体。北方夯墙用黄土,黄土有湿陷性,加入草木灰可改变黄土的属性。此外,掺入草木灰的土墙,还可隔热、除湿、保温,以此所建的屋舍,正可储存粮食和灰肥,因为二者均不可受潮。"杇"本指泥工抹墙的工具,这里当指用白石灰粉刷墙壁,而非抹平墙壁,比如夯土墙是填土入模,墙体应该很平整。因为粪土是秽物,土墙若粉

---

① 〔魏〕何晏注,〔宋〕邢昺疏:《论语注疏》,台北:艺文印书馆,影印阮刻《十三经注疏》,2011年,第116页。
② 〔魏〕何晏注,〔宋〕邢昺疏:《论语注疏》,台北:艺文印书馆,影印阮刻《十三经注疏》,2011年,第43页。

刷上白灰，容易变脏，故"不可圬也"。实则土墙上下连成一体，一旦分崩离析，墙体就会倒塌，也不必考虑粉刷墙壁的问题。因此，"粪土之墙"当从原字解。

四、结　论

综上所述，"粪"字本义是扫除灰土和草木枝到簸箕中，与人畜粪便无关。"粪"与"播"二字并不通假，只是异文关系。"粪"又引申为整治，"百亩之粪"即治百亩之地。"粪田"则是以草木灰来洒田地，草木灰可作肥料，也可混合兽骨灰来改良土壤属性，还可以清除病虫害。"粪其田而不足"是指凶年无余粮换购灰肥。"粪"可假借为"分"，"五谷不分"即不亲自耕种五谷之义。但"分"却不能假借为"粪"，"粪土之墙"则是混合草木灰的土墙。

伯唐父鼎铭文考订

自《考古》(1989年第6期)刊载伯唐父鼎铭文以来,学术界对其已有不少的研究成果。先是学者张政烺在同期刊物上重释铭文,刘雨也补释铭文,并考证年代,以为此鼎应作于昭王新死、穆王初位时,铭中之王当指穆王。[①] 其后刘恒也重新释读铭文,认为此铭文涉及殷代重要的两种祭祀。[②] 袁俊杰综考各家之说,对全铭文进行了笺注和考证。[③] 然而,笔者从文字、音韵和训诂三个角度,以为该铭文尚有可商榷之处:1.本篇以为铭中的"辟舟"并非指太学辟雍之舟,因为词义是随时代变化的,应对词义做历时性的考辨和分析。2.汉字造字之初,字形是根据语言里的词义来造出的,字形和词的古义密切相关。笔者据字形,认为铭文的

[①] 刘雨:《伯唐父鼎的铭文与时代》,《金文论集》,北京:紫禁城出版社,2008年,第316页。

[②] 刘恒:《也谈伯唐父铭文的释读——兼谈殷代祭祀的一个问题》,《文博》1996年第6期。

[③] 袁俊杰:《伯唐父鼎铭通释和补证》,《文物》2011年第6期。

"饔"和"逨"均与祭祀无关。3. 释词应联系语境,笔者以为铭文是周王日常乘舟的一次田猎,与射牲礼无关。此外,对于铭文的笺释,笔者也有不同想法。本着"旧学商量加邃密,新知培养转深沉"的探讨精神,疏证如下:

因铭文最早见于发掘简报,且各家据此释文多有不同,现录此简报铭文,兼参考张政烺释文:

乙卯,王饔荦京。□逨;酋舟、临舟龙,咸逨。白(伯)唐父告备,王各(格),壶(乘)酋舟。临逨白旂,用射咒,䝙虎,貉,白鹿,白䝙于辟池,咸。□□(唐父)蔑历,易秬鬯一卣,贝廿朋,对扬王休,用乍(作)安公□宝隬彝。

"乙卯"二字当释日,而非释年,但其原因并不是如学者所言:"西周金文记年之语虽然也见于铭文首句,但从未见铭文首句出现干支纪日的这种形式。"[①]金文《保卣》(《集成》5415)"乙卯,王令保及殷东或五侯"云云,后又言"在二月既望";《宰椃角》(《集成》9105):"庚申,王在阑"云云,后言"在六月",此即干支出首句之

---

① 刘恒:《也谈伯唐父铭文的释读——兼谈殷代祭祀的一个问题》,《文博》1996年第6期。

证。以上例子释作年，也无不可，但考虑到西周金文大量的例子是没有纪年的，除非王有特别征伐之事，一般只是写到月和日，如某月辰在某。写到年的，则直接写某年，而不以干支纪之，比如《六年召伯虎簋》(《集成》4293)"唯六年四月甲子"。《天亡簋》(《集成》4261)首句即写"乙亥，王又大丰"云云，后又言"丁亥，王飨，大宜"，此即首句干支纪日之证。

"王饔莽京"，"莽京"是地名，金文常见。学者解释为王在莽京举行祼祭，以为："'饔'读为'祼'，祼祭即灌祭，在这里饔祭的对象是宗庙。"①然而，"饔"，据其字形，当为"馆"字。郭沫若云："'饔'字亦见吕鼎，彼铭云：'唯五月既死霸辰在壬戌，王饔于大室。'彼'饔'字正从夕作，此铭从月，盖古人'月''夕'字每通用不别也。由二器之辞旨与文字之字形与声类以求之，余谓此当是'馆'字之初字，从食宛，宛亦声。汉人用为饴䅳，谓之"餂"字。《方言》：'饴谓之餂，馆谓之䭇。''馆'即此'饔'字。'出馆莽京'犹《诗》言'出宿于沛'。"②郭说是也，"夕""月"初本同字后来才分化。③ 宛，《说文》云："夗，屈草自覆也。""宛"的本义指把草弯

---

① 袁俊杰：《伯唐父鼎铭通释和补证》，《文物》2011年第6期。
② 郭沫若：《臣辰盉考铭释》，《燕京学报》1931年第9期。
③ 林义光：《文源》，上海：上海古籍出版社，2017年，第19页。

曲覆盖自身。"䈞"字从食从宛，就是就食住宿，此正是"馆"字的本义。

《诗经·邶风·泉水》云"出宿于泲，饮饯于祢"，"出宿于干，饮饯于言"①。《泉水》言嫁到别国的女子思归不得，"泲""祢"是卫地名，"干""言"是女子所居国地名。不论是所居国还是本国，皆可用"宿"，"䈞"义同"宿"，也是住宿、安置之义。学者以为"䈞"为某种祭祀，以为"文献中三代时期王到某地住，一般都直接称'居'，绝无用'馆'或'客'来称之者"②。然而，此说不确。小臣静彝铭文"惟十又三月，王客（莽）京"③，即用"客"，"客"即"馆"也。从方位上看，周王可馆于外地，也可馆于宗周（镐京）的太室，如吕方鼎铭文"隹五月。既死霸辰在壬戌。王䈞囗大室。吕延于大室"（《集成》2754）。至于传世文献，如《左传》僖公五年"师还，馆于虞"④，晋献公和其军队也用"馆"。又《孟子·万章下》"帝馆甥于贰室"，帝尧将女婿舜安置在副宫。王也可用

---

① 〔汉〕毛亨传，〔汉〕郑玄笺，〔唐〕孔颖达疏：《毛诗注疏》，台北：艺文印书馆，影印阮刻《十三经注疏》，2011年，第182页。
② 袁俊杰：《再论麦方尊与宾射礼》，《中原文物》2013年第4期。
③ 《集成》不收。郭沫若认为非伪，见郭沫若：《两周金文系图录考释》，北京：科学出版社，1957年，第56页。
④ 〔晋〕杜预注，〔唐〕孔颖达疏：《春秋左传注疏》，台北：艺文印书馆，影印阮刻《十三经注疏》，2011年，第209页。

"馆",实际上,周王到某地,更常见的是直接用'在'字,如与**荠**京相关的铭文,就有十二例作"王在**荠**京"①。因此,不论是金文,还是传世文献,均可证此字作"馆"为宜。

"**奇**"字,学者释作辟,以为"与麦方尊璧雍之璧所从之辟相同,一从口一从○,是书写者随意所致";麦方尊和伯唐父鼎的"辟雍"指古代的学校,"辟池"是学校的水池,而"辟舟"则指舟行于水池上②。"辟"在甲骨文中作"**邘**",从人从辛,不从口,辛即罪之义,表示人有罪而据法判定其罪。金文则作"**辟**",罗振玉以为:"增○乃璧之本字,从○辟声而借为训法之辟。"③甲骨文和金文的"辟"并非一字,"**奇**"当为金文"**辟**"之省简,作从"璧"本字的"辟"。辟雍在汉代可指学校,并不能证明在周代也可指学校。训诂学的一个原则即是注重词的时代性,不能以后起之义来解释前代语义,比如以上所言的"馆"字,先秦时表示宾馆、客舍之义,汉

---

① 见遹**鹊**毁、静毁、静卣、弭叔师察簋、史懋壶、井鼎、**憬**匜、六年召伯虎簋、寓鼎、小臣传簋、**归**㚤进方鼎、夻簋的铭文。
② 刘雨:《伯唐父鼎的铭文与时代》,《金文论集》,北京:紫禁城出版社,2008 年,第 314 页。
③ 罗振玉:《增订殷虚书契考释》,《罗振玉学术论著集(第一集)》,上海:上海古籍出版社,2013 年,第 254 页。

代"馆"则指"华丽的房屋",唐宋以后又指教学场所。① 释词要注意古今词义的差异。

遹簋铭文云"王在菱京,呼渔于大池",静簋铭文云"王在菱京,射于大池",伯唐父鼎铭文言王也在菱京,以云"辟舟""辟池",则此"大池"当作"辟池","辟雍"可能是在宗周(镐京)的大学。依金文例,"菱京"和"宗周"两地不同,当先言回宗周,再言辟雍,如《高卣》:"唯十又二月,王初餐旁(即菱),唯还在周。"还有,为何周王不在菱京辟池射猎,而非得回到镐京辟雍的大池去射猎?何况此"辟雍"若作太学解,那辟雍又该如何圈养鸟兽?

《诗经·大雅·灵台》"于论鼓钟,于乐辟雍",毛传:"水旋丘如璧曰辟痈,以节观者。"指地形如璧,水环绕犹如璧,不解作学校。但郑玄则认为是天子太学,《礼记·王制》言太学之名,云"天子曰辟雍,诸侯曰頖宫","頖"通"泮"。然而,《礼记·王制》是汉文帝时汉儒所作,故后世学者也疑此说。

先是南宋戴埴以为《诗经·鲁颂·泮水》中的"泮宫"是鲁公从游之宫,"泮"是鲁水名,而《诗经·大雅·文王有声》之"辟

---

① "馆"训客舍之义,如《左传》襄公三十一年"乃筑诸侯之馆";训华丽的房屋,如《文选》所录司马相如《上林赋》"离宫别馆,弥山跨谷";训教学场所,如《宋史·何涉传》"所至多建学馆"。

雍",只是周王"处居之室",二者皆非学校。① 但戴氏只详考鲁之"泮宫",对于周之"辟雍"则未举证。南宋胡寅也以为"辟雍"并非学校,以为"辟,君也;痈,和也。'痈'与'雍'同,人君有和德,则天地万物应之矣"②,则改释"辟雍"为修饰语。明杨慎承二氏之说,以为"辟雍"是文王宫名,《诗经·周颂·振鹭》之"于彼西雍",《考古图》之"胥雍",也是文王宫名。③ 后来清代戴震也以为"辟雍于经无明文",并据所见的《周鼎铭》"王在辟宫,献工锡章",以及《古铭识》"王在雍上宫",认为"辟雍"即文王的离宫。④

离宫就是行宫,正宫之外,供周王出巡居住。战国时期,齐国的离宫称作"雪宫",《孟子》"齐宣王见孟子于雪宫",赵岐注:"离宫之名也。宫有苑囿台池之饰,禽兽之饶。"可见离宫里面有台池、苑囿,且圈养了很多禽兽。《诗经·周颂·振鹭》"振鹭于飞,于彼西雍",毛传:"雍,泽上。""西雍"似为辟雍,指太学,但辟雍在周代五学中居中,于四郊在南,无"西雍"之称。《左传》宣公十二年云"川雍为泽","雍"和"泽"义同,文王的离宫建在水上,故称"辟雍"。辟池为离宫的水池,也解决灵囿所养动物饮水问题。

---

① 〔宋〕戴埴:《鼠璞》卷上,宋咸淳《百川学海》本,第3—4页。
② 〔宋〕胡寅:《致堂读史管见》卷三,宋嘉定十一年刻本,第12—13页。
③ 〔明〕杨慎著,王大淳笺证:《丹铅总录笺证》卷二十五,杭州:浙江古籍出版社,2013年,第1160—1162页。
④ 〔清〕戴震:《戴震全集》第2册,北京:清华大学出版社,1991年,第1216页。

《诗经·大雅·灵台》又言"贲鼓维镛","于论鼓钟","蒙瞍奏公",则臣工常于行宫创作乐曲。《庄子·天下》举历代乐名：黄帝有《咸池》，汤有《大濩》，文王则有《辟雍》之乐。则行宫所创乐曲也可称作"辟雍"。

"舟龙"，张政烺以为是古人刻画舟为龙形①，即龙形的舟。然而，铭文后面又云"王格，乘辟舟"，则语义重复。"龙"应通"垄"，"垄"《说文》曰"丘垅"，段玉裁云："高者曰丘垅。垄亩之称，取高起之义引申之耳。""垄亩"即耕作的田亩，因较水面高，故称垄亩。"舟垄"则当指辟池沿岸高起处。因为田猎，除了封锁区域，防止野兽跑掉，也得防止外人进入，铭文"□奉，辟舟，临舟龙，咸奉"，"□"当指某区域，从辟舟到沿岸所有的高处，都被封锁。

"㒸"，甲骨文有几个相近的字，如"㒸"（《合集》14311）、"㒸"（《合集》18899）、"㒸"（《合集》34125），罗振玉释作"㒸"（《增考》6.12），即《说文》"㒸"字或体，郭沫若隶定作"奏"（《粹考》530）和"奉"（《粹考》111），孙海波《甲骨文编》以不识字收入附录，高明《古文字类编》收作"奉"，王子超综考各家之说，认为此字当作"奉"字的初文。又云："'奉'字于繁体略去两手即是其简体，作'㐄'（《佚》518背）、'㐄'（《前》2.10.6）、'㐄'（《佚》

---

① 张政烺：《伯唐父鼎、孟员鼎、甗铭文释文》，《考古》1989年第6期。

426)、'✲'(《明藏》633)等形。其中多数竖笔之下明显变粗，或许是'朩''土'的形讹。"①

王氏释"✲"作"奉"是也，但"丰""✲""✲"等是"丰"字，而非"奉"的繁体，"朩""土"则为"丰"字的简省。"丰"是"封"的初文，甲骨文作"✲"(《合集》15788)，下像土堆，上为树木，全字象植树于土堆上之形。古代聚土植树为界曰"封"。②《散氏盘》中有十八例"✲"字，郭沫若释作奉，读为封疆之"封"。③ 杨树达亦同，云："'奉''封'音同，铭文借'✲'为'封'。"④

"奉"可按本义释作承也，献也，进也。比如《不指方鼎》(《合集》2735)："唯八月既望戊辰。王在上侯应，奉祼。不指赐贝十朋。"又如《善夫山鼎》(《合集》2825)："唯卅又七年，正月初吉庚戌。王在周。……王呼史奉册令山。王曰：山。""奉"若作"祓"，未闻对图书、令册也要祓祭。"奉"又通"贲"，《害簋》(《合

---

① 王子超：《释毳——兼论夆、邦、丰诸字之孳乳关系》，《河南大学学报》1986年第1期。
② "封"字的字形演变和词义引申，详见曾宪通、林志强：《汉字源流》，广州：中山大学出版社，2011年，第179页。
③ 郭沫若：《两周金文辞大系图录考释》，北京：科学出版社，1957年，第130页。
④ 杨树达：《积微居金文说》，长沙：湖南教育出版社，2007年，第22页。

集》4258）言王在辟宫，云"王册命害，曰：'赐汝●朱黄。'"林义光《文源》以为"'●'即'贲'之古文，象华饰之貌"。学者以为此释作祓，是一种祭祖礼。① 后来学者更认为："祓祭商代未见，当是始兴于西周的一种祭祀。"② 也有学者认为祓祭是西周纪年的标志。③ 然而此字可释作奉、封和贲，"奉"和"封"上古韵部均在东部，而"贲"上古在文部，阳声韵对转。但"祓"上古则在月部入声韵，两部相差甚远。④ 入声短促，阳声响亮，故"奉"和"祓"无法通假。

"奉"也可作"封"的假借字。"封"，可指封赏，帝王把爵位、土地、财物和名号赐赏给臣下。比如《献侯鼎》（《合集》2626）："唯成王大●在宗周。商献●贝。"《圉卣》（《合集》5374）："王●于成周。王易圉贝。用乍宝尊彝。"《孟爵》（《合集》9104）："唯王初●于成周。王令孟宁登伯，宾贝。用乍父宝尊彝。"《●●进方鼎》（《合集》2725）："唯八月辰在乙亥，王在●京，王

---

① 刘雨：《伯唐父鼎的铭文与时代》，《金文论集》，北京：紫禁城出版社，2008年，第315页。刘雨：《西周金文中的祭祖礼》，《考古学报》1989年第4期。
② 刘恒：《也谈伯唐父铭文的释读——兼谈殷代祭祀的一个问题》，《文博》1996年第6期。
③ 袁俊杰：《伯唐父鼎铭通释和补证》，《文物》2011年第6期。
④ 郭锡良编著：《汉字古音手册（增订本）》，北京：商务印书馆，2010年，第139、174、430、431页。

赐蠕娥进金，肆秦，对扬王休，用乍父辛宝齋。""肆秦"，即大封、大赏之意。

"封"原指封界之义。《散氏盘》写的是矢国攻打散国失败，故赔偿土地给散国的事。双方勘定某地到某地称为"一奉"，即整个区域地段为一封界，二奉、三奉即指第二个地段、第三个地段。伯唐父鼎铭文的"奉"字，则指王在苑囿打猎，需要虞人封锁区域。据《周礼·地官》云："若大田猎，则莱山田之野。及弊田，植虞旗于中，致禽而珥焉。"①虞人即掌管山林禁令的官员，凡是周王田猎时，虞人就要芟除山中猎场周围的草，以及田猎停止时，在猎场中间竖起虞旗，旗下集中所猎取的禽兽而让猎者割兽的左耳以记功。《周礼·夏官》也谈到大司马率众演习战法，即田猎时，虞人要芟除田间的杂草而设表，"虞人莱所田之野为表，百步则一，为三表，又五十步为一表"②，"表"即标记。周王要狩猎，需要虞人芟除杂草和设立猎区。

麦方尊铭文"王射大𪇣禽"，郭沫若释为大鸿禽是也，古"共"和"龙"声母不分，鸿即大雁，但鸿雁常作为一个词。鸿雁居水边，

---

① 〔汉〕郑玄注，〔唐〕贾公彦疏：《周礼注疏》，台北：艺文印书馆，影印阮刻《十三经注疏》，2011年，第248页。

② 〔汉〕郑玄注，〔唐〕贾公彦疏：《周礼注疏》，台北：艺文印书馆，影印阮刻《十三经注疏》，2011年，第446页。

可驯养,《孟子·梁惠王》云:"王立于沼上,顾鸿雁麋鹿。"是鸿雁经常出现在周王行宫沼泽旁。鸿禽指像大雁之类的水鸟,犹如鸷禽指的是像鹰之类的猛禽。禽,上古虽可指禽和兽,但据田猎之礼,若射猛兽的话,必须由虞人或士兵封锁相关区域,同时驱赶野兽到岸边,周王在舟上才得以射杀。如果只射天上的或水面上的鸟,就不需封域。

旂,据《周礼·春官》云:"日月为常,交龙为旂。"凡周王大阅,"王建大常,诸侯建旂"。① "常"是画有日月的旗子,"旂"是画有交龙的旗子。若大阅军礼,周王竖的是大常,诸侯竖的是旂。今周王乘舟射猎,并非大阅,故皆用旂。当周王与伯唐父乘舟,插白旂;当周王与井侯乘舟,插赤旂。周人尚赤,商人尚白,或许当时已用旗的颜色来区别尊卑。

伯唐父鼎铭文言周王"用射兕,䣛虎,貉,白鹿,白㹜","兕"即犀牛;"䣛"《说文》云"坼也"②,学者释作有斑纹的虎③;"白

---

① 〔汉〕郑玄注,〔唐〕贾公彦疏:《周礼注疏》,台北:艺文印书馆,影印阮刻《十三经注疏》,2011年,第420—421页。
② 〔汉〕许慎撰,〔宋〕徐铉校定:《说文解字》,北京:中华书局,2013年,第63页。
③ 刘雨:《伯唐父鼎的铭文与时代》,《金文论集》,北京:紫禁城出版社,2008年,第315页。

䍐",学者或释作白狐①,或释作白狼②;"用射",即行射,比如《乾》初九"潜龙,勿用","用"即施行之义。因为要射犀牛、斑虎、貉、白狼等野兽,自然要封域。

学者以为此铭文是周王在太学辟雍行射牲礼。③ 然而,传世文献三《礼》所言的"礼射"是射侯,以区别于射牲的"主皮之射"④,射牲不当称为"礼射",笔者认为此铭文说的是田猎之礼。殷商甲骨文中,商王有田猎的记录,所获的猎物有麋、鹿、兔、兕、白狐等。又《左传》隐公五年曰:"春蒐,夏苗,秋狝,冬狩。"⑤这些是周王四时田猎的不同称呼。田猎也有礼法规定,《礼记·王制》云:"天子不合围,诸侯不掩群。"⑥天子田猎不采取四面合围的方式,而是放一面让猎物逃跑,诸侯不尽杀成群的野兽。对猎物也

---

① 张政烺:《伯唐父鼎、孟员鼎、甗铭文释文》,《考古》1989 年第 6 期。
② 刘雨:《伯唐父鼎的铭文与时代》,《金文论集》,北京:紫禁城出版社,2008 年,第 315 页。
③ 袁俊杰:《论伯唐父鼎与辟池射牲礼》,《华夏考古》2012 年第 4 期。
④ 《仪礼·乡射礼》云:"礼射不主皮。主皮之射者,胜者又射,不胜者降。"〔汉〕郑玄,〔唐〕贾公彦:《仪礼注疏》,台北:艺文印书馆,影印阮刻《十三经注疏》,2011 年,第 150 页。
⑤ 〔晋〕杜预注,〔唐〕孔颖达疏:《春秋左传注疏》,台北:艺文印书馆,影印阮刻《十三经注疏》,2011 年,第 476 页。
⑥ 〔汉〕郑玄注,〔唐〕孔颖达疏:《礼记注疏》,台北:艺文印书馆,影印阮刻《十三经注疏》,2011 年,第 237 页。

有规定："不麛，不卵，不杀胎，不殀夭，不覆巢。"①不取幼兽，不取鸟卵，不杀怀孕母兽，不杀小兽，不倾覆鸟巢。虞人或士兵将野兽从其他三面往周王这里赶，若有猛兽，周王一般上高台，或有士兵列阵保卫。而王在辟池乘舟，已有水泽作屏障，因为野兽不可能越过水泽，故不须另设防护。铭文言周王乘舟射猎沿岸猛兽，前提是虞人已将动物从别处驱赶到沿岸。

"蔑历"，学者释作勉励②，此即从阮元之说，以为"蔑历"即《尔雅》所谓"蠠没"，后转为"密勿"，又转为"黾勉"。③黾勉即勉励，为联绵词，不可分开。但金文也多有二字不连属例，比如《叚簋》(《集成》4208)"王蔑叚历"，若作勉励，义不可通。又《师遽方彝》(《集成》9897)"王在周康寝，飨醴，师遽蔑历"，与前者不同，是作鼎者自我蔑历。据唐兰研究，"蔑"是伐，是夸美的意思；"历"是家庭出身和本身的经历，包括功绩在内。上面以下面的历来称美，本人则以此来夸美。④

"易秬鬯一卣"，张政烺作"易㊂卣"，刘雨作"易秬鬯一卣"，

---

① 〔汉〕郑玄注，〔唐〕孔颖达疏：《礼记注疏》，台北：艺文印书馆，影印阮刻《十三经注疏》，2011年，第237页。
② 袁俊杰：《伯唐父鼎铭通释和补证》，《文物》2011年第6期。
③ 〔清〕阮元：《积古斋钟鼎彝器款识》卷十，《丛书集成初编》第1547册，影印《文选楼丛书》本，北京：商务印书馆，1937年，第253页。
④ 唐兰：《蔑历新诂》，《文物》1979年第5期。

刘恒作"易矩鬯一卣",但也有学者认为作"易䣞一卣",以为"䣞"字是金文"秬鬯"的合字,云:"'䣞'在这里当是'秬鬯'借笔合文,即'䣞'字所从的'鬯'旁,借用下文的'鬯'字。"①然而,"秬"和"矩"似是不同字,依金文竖写例,当从刘雨释作"秬鬯"二字,不当作"䣞"。因后面"卣"是中型酒樽,大腹小口。《尚书·洛诰》"乃命宁予以秬鬯二卣",《诗经·大雅·江汉》"秬鬯一卣"可证。"鬯"字,《说文》云:"以秬酿郁草,芬芳攸服,以降神也。"段玉裁注改"攸服"作"条服",以为统言之"鬯"和"郁"互通,但分较之,则"秬酿为鬯,芳草筑煮为郁,二者搅和之为郁鬯"②。如此,秬鬯当是含芳草香味的酒。而䣞,《说文》云"黑黍也。一稃二米,以酿也"③,就是黑黍的一种。"稃"即谷壳,一谷壳有两粒米,可以用于酿酒,故其字从鬯。但"秬"字,《说文》云"䣞或从禾"④,似"䣞"和"秬"也可通用。若作"易䣞一卣",等于说赐给一酒樽的黑黍;若作"易䣞鬯一卣",实则是"易矩鬯一卣",文义无别。

————————
① 袁俊杰:《伯唐父鼎铭通释和补证》,《文物》2011年第6期。
② 〔汉〕许慎撰,〔清〕段玉裁注:《说文解字注》,上海:上海古籍出版社,1981年,第217页。
③ 〔汉〕许慎撰,〔清〕段玉裁注:《说文解字注》,上海:上海古籍出版社,1981年,第218页。
④ 〔汉〕许慎撰,〔宋〕徐铉校定:《说文解字》,北京:中华书局,2013年,第101页。

"对扬王休",《诗经·大雅·江汉》也有此句。诗言周宣王命令召虎带兵讨伐淮夷,诗后言召虎作簋记事,稽首言"对扬王休"。毛传释"对"为"遂",郑笺:"对,答;休,美。虎既拜而答王策命之时,称扬王之德美。"孔疏云毛传"以为因事之辞,言君既命之,臣遂称之",而"笺以君臣共语,宜为应答"。① 以为二者均是应景语。但铭文"对扬王休"已离开具体语境,此是金文惯用语。

综上所述,铭文与周王祭祀无关,大意是说乙卯这天,周王客居𦰩京离宫。周王打算乘舟田猎,先命士兵封锁离宫附近区域,比如离宫大池辟池,以及辟池沿岸的高处。伯唐父向周王报告封锁完毕,并且将野兽驱赶到辟池沿岸。周王到达,登上辟池之舟。临近田猎区,周王插上画有交龙的白色旗子。周王射杀犀牛、斑虎、貉、白鹿和白狐于辟池沿岸,田猎完毕,伯唐父的准备工作得到周王的肯定和夸奖,被赐予一樽酒、二十朋贝。伯唐父为称扬周王的美德,因此制作了这件祭祀先辈安公的宝鼎。

---

① 〔汉〕毛亨传,〔汉〕郑玄笺,〔唐〕孔颖达疏:《毛诗注疏》,台北:艺文印书馆,影印阮刻《十三经注疏》,2011年,第687页。

理想化的"周礼"和孔子

——论敦煌吐鲁番唐写本《论语郑玄注》的主旨

汉代郑玄融合今、古文经学注经,其经注特点,学者概括为"以礼注经",即以《周礼》为中心,围绕三《礼》确定其他经书的内容。① 认为郑玄以《周礼》经义为中心来构建其礼学体系。然而,郑玄所据的礼,并非《周礼》经书之礼,而是以《周礼》《仪礼》和《礼记》为基础,理想化的"周礼"。旧有"宁言周孔误,莫道郑服非"之说,周孔指代经书的原义,郑服指代郑玄和服虔的经注,可见郑注和经书原义之间存在很大张力。

本文以敦煌吐鲁番出土的多种唐写本《论语郑玄注》为例,说明郑玄注经,除了有"我注六经"的一面,也有被学者所忽略的"六经注我"的另一面。唐写本《论语郑玄注》最初在甘肃敦煌和新疆

---

① 华喆:《礼是郑学:汉唐间经典诠释变迁史论稿》,北京:生活·读书·新知三联书店,2018年,第28页。

被陆续发现后,罗振玉就注意到《论语郑玄注》多据《礼经》。① 后来,乔秀岩也发现《论语》郑注与何晏《论语集解》的区别在于郑玄常引礼书,认为郑玄意在建立复杂的经学理论体系。② 华喆更认为郑玄是以《周礼》经义为中心,《论语》郑注只是其礼学的延伸。③ 不过,《论语郑玄注》所言礼制,多数是经文中并无此意,而是郑玄无中生有附会出来的,也就是说郑玄以礼注《论语》,更多的是对其观点的演绎,而不是为诠释经文的大义。

郑玄引礼注《论语》有以下特点:1. 增礼解经;2. 以理想化的"周礼"为经注的依据;3. 词义新解,以美化孔子的圣人的形象及其思想。以下分别论述这三个特点,本篇援引郑注,据王素《唐写本〈论语郑玄注〉及其研究》的录文,唐写本缺文则据阮元刻《论语注疏》补足。

---

① 罗振玉:《学堂类稿》乙集《图籍序跋·论语郑注跋》,辽宁:辽宁教育出版社,2003年,第293页。
② 乔秀岩:《郑、何注〈论语〉的比较分析》,《北京大学学报》(哲学社会科学版)2009年第2期。
③ 华喆:《郑玄礼学的延伸——敦煌吐鲁番出土写本〈论语郑氏注〉研究》,《西域研究》2012年第3期。

一、嫁娶以礼

郑注的特点之一就是增礼解经。何晏《论语集解》辑引郑玄注，常删掉郑注所增的礼制，因为其与经义无关，然而，这直接导致后世学者对郑注的一系列误解。今得唐写本《论语郑玄注》，才得以解决此类问题。《论语·八佾》云：

> 子夏问曰："'巧笑倩兮，美目盼兮，素以为绚兮'，何谓也。"
>
> 【郑注】倩兮、盼（缺）容貌。素（以为绚兮，文章①）成曰绚。言有好女如是，欲以洁白之礼成而嫁之。此三句《诗》之言。问之者，疾时淫风大行，嫁娶多不以礼者。
>
> 【集解】马曰：倩，笑貌。盼，动目貌。绚，文貌。此上二句在《卫风·硕人》之二章，其下一句逸也。
>
> 子曰："绘事后素。"曰："礼后乎？"
>
> 【郑注】绘，画文。凡绘画之事，先布众彩，然后素功。素

---

① 王素《校录》据《文选》卷六左思《蜀都赋》注"文章成谓绚"，以为缺文当作"以为绚兮，文章"。王素：《唐写本〈论语郑氏注〉及其研究》，北京：文物出版社，1991年，第25页。

功(缺)诗之意,欲以众彩喻女容貌,素功喻嫁娶之礼。(缺)后素功,则皆晓其为礼之意也。

【集解】郑曰:绘,画文也。凡绘画,先布众色,然后以素分布其间,以成其文。喻美女虽有倩盼美质,亦须礼以成之。孔曰:孔子言"绘事后素",子夏闻而解知,以素喻礼,故曰"礼后乎?"

子曰:"起予者商也!始可与言《诗》已矣!"

【郑注】(前缺)云"绘事后素",时忘其意,以素喻礼。子夏云:"礼后乎?"孔子则觉,故曰:"起予者商。"商,子夏之名也。①

【集解】包曰:予,我也。孔子言:子夏能发明我意,可与共言《诗》。②

子夏引诗的前两句见《诗经·卫风·硕人》,其下一句则是逸诗。"绘事后素",《经典释文》:"本又作'缋',画文也。"③"绘"通

---

① 王素:《唐写本〈论语郑氏注〉及其研究》,北京:文物出版社,1991年,第19页。
② 〔魏〕何晏注,〔宋〕邢昺疏:《论语注疏》,台北:艺文印书馆,影印阮刻《十三经注疏》,2011年,第27页。
③ 〔唐〕陆德明撰,黄焯断句:《经典释文》,北京:中华书局,1983年,第346页。

"缋"。① 注"绘,画文",他书引郑注作:"绘,画也,五彩也。"②郑玄底本作"绘",当破读为"缋"。《考工记》"设色之工:画、缋"③,调色的工匠有画人和缋人,但他们职位相近,二者总连在一起。其后《考工记·画缋》云:"画缋之事,杂五色,东方谓之青,南方谓之赤,西方谓之白,北方谓之黑,天谓之玄,地谓之黄。"郑注:"此言画缋六色所象,及布采之第次,缋以为衣。"④经文为五色,而注言六色,因"玄"与"黑"同。上衣着色称"缋",下裳则称"绣",因为裳画好后,还要用丝刺绣。"绘,画文",即在上衣的布上调配五色,五色象征天地四方。又言"画缋之事,后素功",郑注:"素,白采也。后布之,为其易渍污也。不言绣,绣以丝也。郑司农说以《论语》曰:'缋事后素。'"⑤"素功"即施以白彩。因为白彩易被染污,所以最后加上去。至于绣,因为画后还要刺丝,不存在此问题,故经文只言缋事。

---

① 《文选·夏侯常侍诔》注、唐崔镒《北岳庙碑》引文俱作"缋"。
② 《瑜伽师地论·音义》、《大藏音义》卷十四均引作:"绘,画也。"《楞伽阿跋多罗宝经·音义》引作:"绘,画也,五彩也。"
③ 〔汉〕郑玄注,〔唐〕贾公彦疏:《周礼注疏》,台北:艺文印书馆,影印阮刻《十三经注疏》,2011年,第596页。
④ 〔汉〕郑玄注,〔唐〕贾公彦疏:《周礼注疏》,台北:艺文印书馆,影印阮刻《十三经注疏》,2011年,第622页。
⑤ 〔汉〕郑玄注,〔唐〕贾公彦疏:《周礼注疏》,台北:艺文印书馆,影印阮刻《十三经注疏》,2011年,第622页。

理想化的"周礼"和孔子

郑注增设"疾时淫风大行,嫁娶多不以礼者"的语境,又以素功喻婚嫁之礼,则所谓的"礼"指的是很具体的嫁娶礼节。"欲以洁白之礼成而嫁之",则"礼成"就是指婚嫁仪节中纳征的环节。当经过纳采、问名、纳吉之后,过段时间,男方派使者带几匹布和两张鹿皮到女方家下聘礼,就是纳征。"征"古人训作成,即讲成婚事,纳征也即后来礼俗中的订婚。在古代订婚即视同婚姻成立,女子便是男方家人。因此,"礼成"在婚嫁仪节中有特定含义。何晏《集解》"绘事后素"下全引郑注,但却是意引,后文仅言"喻美女虽有倩盼美质,亦须以礼成之",删掉郑注素功为嫁娶之礼的原文,这样"礼成"就泛称一般礼仪。但问题是郑注"礼成"的对象是双方,因为婚嫁彼此合乎礼仪才能礼成。而何晏节引的"礼成"却成了对女方或庄姜单方面的规定,即女方不仅要有美貌,还要具备礼仪。宋邢昺疏:"此章言成人须礼也。言庄姜既有巧笑美目倩盼之容,又能以礼成文绚然。"[①]

朱子不从此注,《论语章句》云:"绘事,绘画之事也。后素,后于素也。《考工记》曰:'绘画之事后素功。'谓先以粉地为质,而后施五采,犹人有美质,然后可加文饰。"[②]"素"注作粉地,是布的

[①] 〔魏〕何晏注,〔宋〕邢昺疏:《论语注疏》,台北:艺文印书馆,影印阮刻《十三经注疏》,2011年,第27页。
[②] 〔宋〕朱熹:《四书章句集注》,北京:中华书局,1983年,第63页。

材质,后也变成方位副词,并以此改注《考工记》。凌廷堪则以为当仍从郑注,云"五采待素而始成文",仍释"素"为白彩,又引申为礼,以为"礼后乎"是指仁义礼智信,五性必待礼而后有节。全祖望《经史问答》总结为:

> 《论语》之说,正与《礼器》相合,盖《论语》之素,乃素地,非素功也,谓有其质而后可文也。何以知之?即孔子借以解诗而知之。夫巧笑美目,是素地也,有此而后可加粉黛簪珥衣裳之饰,是犹之绘事也,所谓绚也,故曰绘事后于素也。而因之以悟礼,则忠信其素地也。节文度数之饰,是犹之绘事也,所谓绚也,岂不了了。若《考工》所云,则素功,非素地也,谓绘事五采,而素功乃其中之一,盖施粉之采也,粉易于污,故必俟诸采既施而加之,是之谓后,然则与《论语》绝不相蒙。夫巧笑美目,岂亦粉黛诸饰中之一乎?抑亦巧笑美目出于人工乎?且巧笑美目,反出于粉黛诸饰之后乎?此其说必不可通者也。①

全祖望据《礼器》经文,以"素"为素地,巧笑美目是素地,犹言天

---

① 〔清〕全祖望著,朱铸禹校注:《全祖望集汇校集注》,上海:上海古籍出版社,2000年,第1941—1942页。

生丽质是打扮的基础,"礼后乎"言礼的基础是忠信。故全氏自信断言:"朱子误解《考工》却不误解《论语》。若如古注,则误解《论语》矣。"清曹之升、程树德皆从其说。①

《礼器》云:"甘受和,白受采。忠信之人,可以学礼。苟无忠信之人,则礼不虚道。是以得其人之为贵也。"②白色可以接受和调和各种颜色,同样,忠信的人,礼才不会虚附于他。这里是以白色类比忠信,但是若以"素"为素地,则《论语》"绘事后素"就是指绘画的白布。不论绘画还是调色,所用的素材白布都是一样的,不会因为你用上等的布料,绘画就好,二者无以类比。

又"素以为绚兮",马注言"绚,文貌",郑玄注作"文章成绚",或他书引作"采成文曰绚"③,皆言色彩缤纷,非常绚烂,是非自然而成的。"素"若指天生外貌,则等于说美人素颜,不用装扮,也会色彩绚烂,也不合情理。因此,《论语郑玄注》的"素",训作白彩,从《考工记》之说是合理的。关键是后面"礼成"二字,由于何晏

---

① 〔清〕曹之升:《四书拾遗说》卷一,嘉庆三年萧山曹氏家塾刻本,第17页。程树德:《论语集释》,北京:中华书局,1990年,第158—159页。
② 〔汉〕郑玄注,〔唐〕孔颖达疏:《礼记注疏》,台北:艺文印书馆,影印阮刻《十三经注疏》,2011年,第474页。
③ 《经典释文》引作"采成章曰绚",〔唐〕陆德明撰,黄焯断句:《经典释文》,北京:中华书局,第346页。《仪礼·聘礼》"皆玄纁系,长尺,绚组",郑注"采成文曰绚",贾疏:"郑注《论语》'文成章曰绚',与此语异义同。"〔汉〕郑玄注,〔唐〕贾公彦疏:《仪礼注疏》,台北:艺文印书馆,影印阮刻《十三经注疏》,2011年,第284页。

节引,后来学者不解其意,皆以为是抽象的礼义,故辗转相误。

二、"周礼"度量衡

郑玄以为《周礼》《仪礼》是记录周公制礼作乐之书,《礼记》则为解释《周礼》《仪礼》而作,三者皆为周代的典制。因此,郑玄将理想化的"周礼"作为经注的依据,甚至以其度量衡来诠释《论语》经文,不顾西周和春秋度量衡的差异。比如《论语·雍也》记载孔子给予弟子粟,其中所用度量器,郑玄均以《周礼》释之,不顾当时的实际情况。

子华使于齐,冉子为其母请粟。子曰:"与之釜。"

【郑注】子华,孔子弟子公西华赤之字。为孔子使,其母居家而粮乏,冉子以为人有事者,必当食之,犹仕有禄,故为赤母求粟于孔子。是时孔子仕鲁,六斗四升曰釜也。

请益。曰:"与之庾。"

【郑注】庾,《周礼》作"斞"。斞,凡器名,实容二觳,厚半寸,唇厚一寸。子华为师使,义也,与仕者异。少与之者,抑冉有之言。

【集解】包氏曰:"十六斗曰庾。"

冉子与之粟五秉。

【郑注】以为孔子与之少,更(缺)十六斗曰(缺)秉,五秉合为八十斛也。

子曰:"赤之适齐也,乘肥马,衣轻裘。吾闻之也,君子周急,不继富。"

【郑注】非冉有与之粟太多。①

郑玄破读"曳"为"庾"。因为"曳",《说文》云"束缚捽抴为曳"②,就是捆绑时抓住头发拖拉叫作"曳"。显然,"曳"为假借字。庾,一是可作为日常器物,如以上郑注出自《考工记·陶人》,是说庾这种陶器或瓦器,容量为二觳,厚半寸,口缘厚一寸。觳,郑众以为即斛器,以为受斗三升;但在他经又注为量词,以为受斗十升。郑玄不从,以为觳即为二斗之量器,又云"豆实三而成觳","豆"此处为陶豆,陶制的高脚盘,与作为量词的豆不同,《说文》"斗二升曰觳"③。因此,作为日常瓦器的庾,二觳即受斗四升。二是作为量词,《小尔雅》云:"匊二升,二匊为豆,豆四升,四豆曰区,四区曰釜,二釜有半谓之庾。"④"庾"即一百六十升,十升为一斗,则为

---

① 王素:《唐写本〈论语郑氏注〉及其研究》,北京:文物出版社,1991年,第57页。
② 〔汉〕许慎撰,〔宋〕徐铉校定:《说文解字》,北京:中华书局,2013年,第313页。
③ 〔汉〕许慎撰,〔宋〕徐铉校定:《说文解字》,北京:中华书局,2013年,第56页。
④ 〔汉〕郑玄注,〔唐〕贾公彦疏:《周礼注疏》,台北:艺文印书馆,影印阮刻《十三经注疏》,2011年,第636页。

十六斗,此即苞氏释作十六斗的依据。《仪礼·聘礼记》云:"十斗曰斛,十六斗曰籔,十八籔曰秉。"郑注:"今文'籔'为'逾'。"①贾疏以为"逾"即"庾"。实际上,"籔""逾"和"庾",皆为十六斗之量名,音义并同。②

公西华被孔子派去齐国做使者,家中缺粮,冉有替他母亲请求小米,孔子开始给六斗四升。那六斗四升能吃多久呢?文中的斗米,是未煮熟的生米,若经水煮熟,量会增多。据《墨子·杂守》"斗食,终岁三十六石;参食,终岁二十四石"③,体力消耗最大的壮丁,一年的口粮是三十六石,一天消耗一石,一日两餐,一餐吃五升。冉有母饭量不用那么多,一天最多八升,那么孔子给了大概八天的口粮。如果是取郑玄说,多了二斗二升,即二十二升,也就是三天的口粮。而如果取包氏说,则多了十六斗,即一百六十升,二十天的口粮。最后冉子给八十斛,即八千升,可以够公西华的母亲吃上三年,增加了四十倍,也就难怪孔子责备冉子给得太多。

这里取作为量词的"庾"比较合适,孔子虽然因为公西华家富,不会给太多,但考虑到公西华出使齐国,至少得十天半个月,

---

① 〔汉〕郑玄注,〔唐〕贾公彦疏:《仪礼注疏》,台北:艺文印书馆,影印阮刻《十三经注疏》,2011年,第291页。
② 迟铎:《小尔雅集释》,北京:中华书局,2008年,第373页。
③ 〔清〕孙诒让撰,孙启治点校:《墨子间诂》,北京:中华书局,2001年,第626页。

理想化的"周礼"和孔子

还是会给到一个月的口粮。而郑玄注取瓦器的"庾",等于是让冉子取瓦器庾,并不合情理。《论语·雍也》还载有:

原思为之宰,与之粟九百。

【郑注】原思,孔子弟子原宪之字。时孔子仕鲁,以原思为家邑臣。与之粟者,禄也。九百者,九百釜,为米五百四十釜。岁班禄,人食三釜,中士食十八人,米五十釜,乃为仕十月。禄太多,非其数。(缺)字之误也。①

【集解】孔安国曰:"九百,九百斗也。"

辞。子曰:"毋!以与尔邻里乡党乎!"

【郑注】辞让不受。毋者,止其辞让者。君子仕,辞位不辞禄。与尔邻里乡党乎,可以施惠于恩旧。为五家为邻,五邻为里,万二千五百家为乡,五百家为党也。②

【集解】孔曰:"禄法所得,当受,无以让也。"③

---

① 据经文,郑注即言"粟"为"禄"字之误。
② 王素:《唐写本〈论语郑氏注〉及其研究》,北京:文物出版社,1991年,第57—58页。
③ 〔魏〕何晏注,〔宋〕邢昺疏:《论语注疏》,台北:艺文印书馆,影印阮刻《十三经注疏》,2011年,第51—52页。

孔安国①注作"斗",十个月九百斗,每个月九十斗,每天才三斗。郑玄不从,大概考虑到冉子一次给公西华八百斗,而原宪当了十个月的邑臣才九百斗。郑玄又合《周礼》以证《礼记·王制》,前者是古文,后者是今文论制度的大宗。《周礼·地官》:"凡民之食食者,人四鬴,上也;人三鬴,中也;人二鬴,下也。"②"鬴"通"釜",就是说收成是中年时,民众每月的口粮是三釜。据《礼记·王制》云"百亩之分,上农夫食九人",又云"诸侯之下士视上农夫,禄足以代其耕也。中士倍下士,上士倍中士,下大夫倍上士,卿四大夫禄"③。郑玄定原宪为中士,中士是上农夫的四倍,故言"食十八人",每月米五十四釜,十个月五百四十釜,如今孔子给他九百釜,几乎多了一倍,故原宪辞不受。九百釜相当于五千七百六十斗,每个月五百七十六斗,每天十九点二斗。施惠仅及邻里,不可能太多人。"乡党"此处应该指乡亲,和邻里意思相同,郑玄却据《周

---

① 孔安国为《古论》作《传》,《史》《汉》无文,何晏《集解·序》始言安国为之训说而世不传。清儒多疑其非,或以为何氏伪作。吴承仕以为此书非何晏自为,虽孔《传》文未足恃,但魏初已有其文。笔者以为虽不能定为孔安国《传》,但仍是汉魏古注,不失参考价值,姑且以孔安国名之。吴承仕:《经典释文序录疏证》,北京:中华书局,1984年,第140页。
② 〔汉〕郑玄注,〔唐〕贾公彦疏:《周礼注疏》,台北:艺文印书馆,影印阮刻《十三经注疏》,2011年,第252页。
③ 〔汉〕郑玄注,〔唐〕孔颖达疏:《礼记注疏》,台北:艺文印书馆,影印阮刻《十三经注疏》,2011年,第214页。

理想化的"周礼"和孔子

礼》将"乡党"理解为行政区域。周代实行乡遂制,国都及其近郊分为比、闾、族、党、州、乡。据《周礼·地官》:"令五家为比,五比为闾,四闾为族,五族为党,五党为州,五州为乡。"①则"乡"为一万两千五百家。边远地区则分为邻、里、酂、鄙、县、遂。据《周礼·地官》:"五家为邻,五邻为里,四里为酂,五酂为鄙,五鄙为县,五县为遂。"②"遂"也是一万两千五百家,但在郊外。原思是否住郊外尚未可知,但这里的"邻里"和乡党一样,是指同乡人,也就是郑注后言的"恩旧",而非行政单位。郑玄此注与经文原义相违,使人误解孔子要原宪施食给广大区域的民众。③ 实际上,原宪一生甚贫,并无余财。④

郑玄甚至将《周礼》所言的井田制上推至大禹洪荒之时,全然不顾史实。比如《论语·泰伯》:

> 子曰:禹,吾无间然矣。菲饮食而致孝乎鬼神,恶衣服而

---

① 〔汉〕郑玄注,〔唐〕贾公彦疏:《周礼注疏》,台北:艺文印书馆,影印阮刻《十三经注疏》,2011年,第159页。

② 〔汉〕郑玄注,〔唐〕贾公彦疏:《周礼注疏》,台北:艺文印书馆,影印阮刻《十三经注疏》,2011年,第232页。

③ 学者华喆以为:"如果想要施惠于这样庞大数量的'邻里乡党',那么孔子一次就给原宪数千斗禄米就很正常了。"华喆:《郑玄礼学的延伸——敦煌吐鲁番出土写本〈论语郑氏注〉研究》,《西域研究》2012年第3期。

④ 〔汉〕司马迁:《史记》,北京:中华书局,1959年,第2208页。

致美乎黻冕,卑宫室而尽力乎沟洫。禹,吾无间然矣!

【郑注】间,非。菲,薄也。致孝乎鬼神,祭祀丰洁。黻,祭服之衣。冕,其冠也。方里为井,井间有沟,沟广四尺,深四尺。十里为成,成间有洫,洫广八尺,深八尺也。①

【集解】包氏注同。②

经文中的"沟洫"与"宫室"对文,并非指具体的沟洫,而是以部分代替整体,以沟洫指代农田水利。是说大禹住所不好,却尽力于农田水利之事。然而,郑玄却以井田制注之,《周礼·地官》云:"乃经土地而井牧其田野,九夫为井,四井为邑,四邑为丘,四丘为甸,四甸为县,四县为都,以任地事而令贡赋,凡税敛之事。"郑玄注:"九夫为井者,方一里,九夫所治之田也。此制小司徒经之,匠人为之沟洫,相包乃成耳。"③"井""牧"均属井田制,"井"为上等地的分法,而"牧"则是中等地的分法。"沟洫"之尺寸,《周礼·冬官》详云:"九夫为井,井间广四尺,深四尺,谓之沟。方十里为成,成间广八尺,深八尺,谓之洫。方百里为同,同间广二

---

① 王素:《唐写本〈论语郑氏注〉及其研究》,北京:文物出版社,1991年,第96页。
② 〔魏〕何晏注,〔宋〕邢昺疏:《论语注疏》,台北:艺文印书馆,影印阮刻《十三经注疏》,2011年,第74页。
③ 〔汉〕郑玄注,〔唐〕贾公彦疏:《周礼注疏》,台北:艺文印书馆,影印阮刻《十三经注疏》,2011年,第170页。

理想化的"周礼"和孔子

寻,深二仞,谓之浍。"郑玄注"此畿内采地之制"①,即言此是王都及其郊外的井田制,"沟洫"则指井田制井田间水沟的两种规格。然而,经文所言却是大禹之时,而非周代的井田制,郑注与经文原意无关,郑玄又为何如此解说呢?

实际上,郑玄继承了汉代今文家注经的方法,今文家以为《春秋》可折狱、《禹贡》可治河、《诗》三百篇可作谏书,将经注作为表达自己主张的途径。郑玄考虑的是自己的观点是否解释融洽,而非经文原义和史实。与今文家的不同之处在于,郑玄又用汉代古文家注经的方法,详细注出沟洫的具体形制,两种方法相融合,此即郑注的特点。《论语·子罕》也体现这种特点:

> 子曰:"麻冕,礼也。今也纯,俭,吾从众。"
>
> 【郑注】"纯"当为"缁",古之"缁"字以才为声。此"缁"谓黑缯也。俭,犹约也。绩麻卅升以为冕,其功难成,今人用缯,其功约,故从众。冕者,卿大夫助祭于君之服也。②
>
> 【集解】孔曰:冕,缁布冠也。古者绩麻三十升布以为之。

---

① 〔汉〕郑玄注,〔唐〕贾公彦疏:《周礼注疏》,台北:艺文印书馆,影印阮刻《十三经注疏》,2011年,第651页。

② 王素:《唐写本〈论语郑氏注〉及其研究》,北京:文物出版社,1991年,第104页。

纯,丝也。丝易成,故从俭也。①

孔氏此处释"冕"为"缁布冠",冕和冠的形制不同,令人疑惑。黄式三认为"冠"字为衍文。② 黄说是也。冕的形制,《说文》云:"大夫以上冠也。邃延、垂瑬、纮纩"③。"邃"即冕上一块长方形的板,板上覆缁布,则谓之"延"。延前后端各垂下来一串串小圆玉,则谓之"瑬"。冕加在发髻上,都要插一根笄,笄把冕别在发髻上。笄的一端系一根小丝带,从颔上绕过,系在另一端,这根带子叫作"纮"。笄的两端可有一条丝条垂下来,叫作"纩",又称为"纩"。纩上各垂下一颗玉,玉又称为"瑱",充耳。最初诸侯大夫也可以在祭祀时戴冕,后来只有帝王才可以戴。

冠则是古代的"帽子",早先的冠只有冠梁,褶子两端连在冠周围,戴起来冠梁像一根弧形带子,从前到后覆在头发上。④ 上古无棉花,是以麻和丝作成织布。麻冕是说用麻布做成的冕,比如《尚书·顾命》所言"麻冕黼裳""麻冕蚁裳""麻冕彤裳",即用麻

---

① 〔魏〕何晏注,〔宋〕邢昺疏:《论语注疏》,台北:艺文印书馆,影印阮刻《十三经注疏》,2011年,第77页。
② 程继红:《黄式三黄以周礼学文献辑笺》,南京:凤凰出版社,2017年,第307页。
③ 〔汉〕许慎撰,〔宋〕徐铉校定:《说文解字》,北京:中华书局,2013年,第153—154页。
④ 王力:《中国古代文化常识》,北京:世界图书馆出版社,2008年,第203页。

布制成冕。"缁布冠"则是周代士冠礼所戴的第一件冠,加冠之后,就可以丢弃不戴。庶人则平时也戴缁布冠。① 冕和冠二者在形制、戴者身份和所用场合皆不同,朱子从孔注释作缁布冠②,似未妥。

郑玄以卅升布为冕,布即麻所制。首先,郑注与孔注相比,并无"冠"字。其次,郑注"冕"不是指冕冠,而是以部分指代整体,指祭祀的整套冕服。据《仪礼·丧服》"冠六升",郑注"布八十缕为升"③,六升为四百八十缕。学者以为"此缕数即径线的密度,古代布幅宽二尺二寸,升数愈多,则布愈细密"④,即言布的密度是四百八十缕,此说恐未确。据《汉书·食货志》:"布帛广二尺二寸为幅,长四丈为匹。""幅"即织布的宽度,织布机上的纵线又称为"经线",是织布机的主线,决定织物的宽度。经线相对固定,纬线则随着梭子来回运动,当织的布够一匹的分量时,就把经线剪断,称为"一匹布"。布的密度主要由纬线的丝缕数决定,即幅上的缕

---

① 据《礼记·玉藻》云"始冠缁布冠,自诸侯下达,冠而敝之可也",《礼记·郊特牲》"大古冠布,齐则缁之。冠而敝之可也",是士以上贵族在加冠和祭祀时,才戴缁布冠,戴后即丢弃。另据《毛诗注疏》孔颖达疏"庶人则虽得服委貌因而冠之,而俭者服缁布"云云,则庶人常戴缁布冠。
② 〔宋〕朱熹:《四书章句集注》,北京:中华书局,1983年,第109页。
③ 〔汉〕郑玄注,〔唐〕贾公彦疏:《仪礼注疏》,台北:艺文印书馆,影印阮刻《十三经注疏》,2011年,第339页。
④ 杨天宇:《仪礼译注》,上海:上海古籍出版社,2004年,第298页。

数。据目前考古发现,商代的一尺相当于十五点八厘米,秦代的一尺相当于二十三点一厘米①,周代的一尺当介于商代和秦代之间。二尺二寸在商代等于三十四点七六厘米,在秦代等于五十点八二厘米。西周尺寸若取秦制,四百八十缕丝,每缕丝约等于零点一一厘米,已是极限。若为卅升,则是两千四百缕丝,每缕丝约等于零点零二一厘米,肉眼已不可见。因此,此六升当指布匹长度,而非密度,一缕丝有多长,今已难考。布冠只要六升麻,今卅升麻当包括整套冕服。郑玄言冕是缁布,以前是直接用原麻来制,今则用丝或现成的丝织品来制,就容易很多。

孔、郑对"纯"字的解释也有差别。孔安国注"纯"作"丝",是原料。郑玄以为"纯"字是讹字,当作"缁",训作黑缯。缯是古代帛的总名,已是半成品。《礼记·礼运》"故先王秉蓍龟,列祭祀,瘗缯",郑玄注"币帛曰缯"②。

以上孔注只是就具体词义而言,而郑注考证文字讹舛的同时,又以部分指代整体,更综考祭祀整套冕服的形制,尤见郑玄并非单纯训释词义,而是以"周礼"的典制来诠释经文。

---

① 丘光明、邱隆、杨平:《中国科学技术史·度量衡卷》,北京:科技出版社,2001年,第66、168页。

② 〔汉〕郑玄注,〔唐〕孔颖达疏:《礼记注疏》,台北:艺文印书馆,影印阮刻《十三经注疏》,2011年,第437页。

理想化的"周礼"和孔子

三、圣人形象

与上面直接增加嫁娶之礼不同,对于《论语》涉及礼仪和孔子行礼的章节,郑玄则用词义新解和援引礼经的方式增注细节。比如《论语·乡党》记孔子聘邻国及接待他国来聘,郑玄据《仪礼》增补细节,来突显孔子的才干和德行。其一:

> 执圭,鞠躬如也,如不胜。上如揖,下如授。勃如战色。足蹜蹜如有循。享礼有容色,私觌愉愉如也。
>
> 【郑注】执圭,谓以君命聘于邻国。执圭如不胜者,敬慎之至。执轻如执重。上如揖,授玉宜敬也。下如授,不敢忘礼也。勃如战色,恐辱君命。足蹜蹜如有循,举前曳踵,圈豚而行。享,献。聘礼既聘而享,享用圭璧,有庭实,皮马相闲也。觌,见也。既享,以私礼见,用束帛乘马。①
>
> 【集解】节引郑注,删去"圈豚而行""皮马相闲"和"束帛乘马"。②

---

① 王素:《唐写本〈论语郑氏注〉及其研究》,北京:文物出版社,1991年,第119页。
② 〔魏〕何晏注,〔宋〕邢昺疏:《论语注疏》,台北:艺文印书馆,影印阮刻《十三经注疏》,2011年,第87页。

"庭实"就是宾进献于主君的贡品,"皮马相闲"是庭实中的皮和马可以互相替代,"束帛乘马"是宾私见主君所带的礼物,均是贡品中无关紧要的细节,《集解》节引时,删之并无不妥。至于"圈豚而行",《礼记·玉藻》:"疾趋则欲发,而手足毋移。圈豚行不举足,齐如流。"郑注:"圈,转也。豚之言若有所循。孔子执圭则然。此徐趋也。"①"圈豚"就是循着一定路线转弯;"不举足"即不抬脚擦地而行。以上是因事要行礼,手中没有拿礼物,快步行走时的仪态。郑注言孔子执珪,敬慎之至。《礼记·玉藻》后言:"执龟玉,举前曳踵,蹜蹜如也。"②《仪礼·士相见礼》也言大夫出聘邻国,"执玉者则唯舒武,举前曳踵"③。"舒武"即安步徐行,"举前曳踵"即迈步时先翘前脚掌,而后带动后脚跟,相当稳重,这与圈豚行并不同,因为孔子执龟珪,不当徐趋而行,《集解》删之甚确。"圈豚"也非词义特殊,也不涉及经学理论。④

---

① 〔汉〕郑玄注,〔唐〕孔颖达疏:《礼记注疏》,台北:艺文印书馆,影印阮刻《十三经注疏》,2011年,第568页。

② 〔汉〕郑玄注,〔唐〕孔颖达疏:《礼记注疏》,台北:艺文印书馆,影印阮刻《十三经注疏》,2011年,第568页。

③ 〔汉〕郑玄注,〔唐〕贾公彦疏:《仪礼注疏》,台北:艺文印书馆,影印阮刻《十三经注疏》,2011年,第76页。

④ 乔秀岩以为"皮马相闲""束帛乘马"和"圈豚"皆是郑玄带言礼学理论。乔秀岩:《郑、何注〈论语〉的比较分析》,《北京大学学报》(哲学社会科学版)2009年第3期。

理想化的"周礼"和孔子

又如《乡党》其二:

> 君使召摈,色勃如也,足躩如也。揖所与立,左右手,衣前后,襜如也。趋进,翼如也。宾退,必复命曰:"宾不顾矣。"
>
> 【郑注】君召使摈,有宾客使之迎之。色勃如,矜庄貌。足躩如,逡巡貌也。揖所与立,人偶同位也。揖右人,右其手;揖左人,左其手,将作揖,必磬折。磬折则衣前垂,小仰则衣后垂,故曰"襜如"也。翼如,股肱舒张之貌。宾退,礼毕出。复命,白君曰:"宾已去。"①
>
> 【集解】节引郑注,删去"人偶同位",以及"翼如,股肱舒张之貌"的细节。②

邻国宾来鲁行聘礼时,鲁君召孔子做摈相,即导引宾客、执赞仪礼的人员,协助鲁君接待宾及其随从介。依照古代礼仪,有教养的贵族若有事相商,是不会贸然直接见面的,而是先通过第三方传达,这便需要传话双方的介和摈。介是来宾的助手,而摈则是主君的助手。据《礼记·聘义》"介绍而传命,君子于其所尊弗敢质,

---

① 王素:《唐写本〈论语郑氏注〉及其研究》,北京:文物出版社,1991年,第118页。
② 〔魏〕何晏注,〔宋〕邢昺疏:《论语注疏》,台北:艺文印书馆,影印阮刻《十三经注疏》,2011年,第86页。

敬之至也"①。"绍而传命"即言当宾到达主君的门外时,宾的问候是通过介一个接一个传达下去,介再传达给摈,摈再传达给主君。又据《礼记·玉藻》云:"君入门,介拂阑,大夫中枨与阑之间,士介拂枨。"②"君"即来访之宾。以上言宾和介入门法,主君与摈与之相对。见下图:

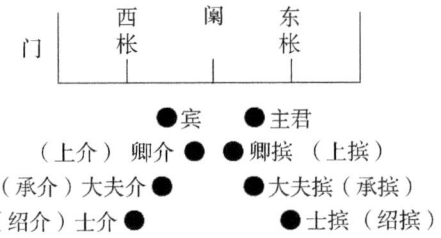

图1　聘邻国及接待他国来聘图

入门路线正好成雁行"八字"。孔子在摈列中,左右都有摈,当右边人传话下来时,揖右人,右其手;左边传话上来时,要先揖左人,左其手。孔子本为大夫,当为承摈。然而,据《仪礼·聘

---

① 〔汉〕郑玄注,〔唐〕孔颖达疏:《礼记注疏》,台北:艺文印书馆,影印阮刻《十三经注疏》,2011年,第1027页。
② 〔汉〕郑玄注,〔唐〕孔颖达疏:《礼记注疏》,台北:艺文印书馆,影印阮刻《十三经注疏》,2011年,第568页。

礼》:"宾请有事于大夫,公礼辞,许。"郑注:"上摈送宾出,宾东面而请之,摈者反命因告之。"①则宾退告君是上摈之事。郑玄注意到入庙相见和出门送宾既然是上摈的事,故指出孔子为鲁君所倚重,当被鲁君特召摄上摈。孔子则为聘礼的组织安排者,而不仅仅是参与者。《集解》所删"人偶同位"是古语,不好理解,实际上就是相互致敬之意,删去后注文更顺畅,所删"翼如"的训释也只是揖让的细节。

《论语·乡党》又记孔子退朝后,在鲁国乡党中的言行,云"入公门,鞠躬如也,如不容"云云,郑注云"此谓君燕见与之图事之时"②,即孔子平时见鲁君议事的神态;而何晏《论语集解》引包氏注则云"过君之空位"③。郑注和《集解》更大的差别则在《论语·乡党》记孔子卧席养病,君王视疾章:

疾,君视之。东首,加朝服,拖绅。

【郑注】不忘敬也。朝服者,玄冠缁衣素裳缁带韠素。绅

---

① 〔汉〕郑玄注,〔唐〕贾公彦疏:《仪礼注疏》,台北:艺文印书馆,影印阮刻《十三经注疏》,2011年,第254页。

② 王素:《唐写本〈论语郑氏注〉及其研究》,北京:文物出版社,1991年,第118页。

③ 〔魏〕何晏注,〔宋〕邢昺疏:《论语注疏》,台北:艺文印书馆,影印阮刻《十三经注疏》,2011年,第87页。

则带也。疾时寝室中北墉下也。①

疾，君视之。东首，加朝服，拖绅。

【集解】包氏曰：夫子疾，处南牖之下，东首，加其朝服，拖绅。绅，大带。不敢不衣朝服见君。②

包氏言孔子卧席在南牖下，为经学家之通解，但郑玄注则取北墉。《礼记·丧大记》言君、大夫疾病时，"寝东首于北墉下"③，以及《仪礼·既夕礼记》言士有疾时，"士处适寝，寝东首于北墉下"④，此为其文献依据。然而，郑注还有更深一层的含义，郑注云："朝服者，玄冠缁衣素裳缁带韠素。"这里的"韠素"误倒，当作"素韠"，据王素校勘记，亥本即作"素韠"⑤。

以上注文引自《仪礼·士冠礼》"主人玄冠、朝服、缁带、素韠"。郑注："朝服者，十五升布衣而素裳也。衣不言色者，衣与冠

---

① 王素编：《唐写本〈论语郑注〉及其研究》，北京：文物出版社，1991年，第121页。
② 〔魏〕何晏注，〔宋〕邢昺疏：《论语注疏》，台北：艺文印书馆，影印阮刻《十三经注疏》，2011年，第90页。
③ 〔汉〕郑玄注，〔唐〕孔颖达疏：《礼记注疏》，台北：艺文印书馆，影印阮刻《十三经注疏》，2011年，第761页。
④ 〔汉〕郑玄注，〔唐〕贾公彦疏：《仪礼注疏》，台北：艺文印书馆，影印阮刻《十三经注疏》，2011年，第472页。
⑤ 王素：《唐写本〈论语郑注〉及其研究》，北京：文物出版社，1991年，第131页。

理想化的"周礼"和孔子

同也。"①玄冠之玄是黑色，缁也是黑色，二者相应，则朝服正对应缁衣素裳。朝服原指上衣下裳，但郑注《论语》又将词义扩大，以部分指代替整体，扩大为整套服饰。如此，朝服包括头上的帽子、上衣、下裳、腰下的佩戴物和装饰等。

值得特别注意的是，郑注底本作"绐绅"，"绐"即《说文》的"繰"，《说文》云"粗绪也"②。段玉裁注云："粗者，疏也，俗作'绐'，盖今之绵绸。"③"绐"指一种粗绸，用以说明绅的材质。如此则与《集解》本不同，《集解》本作"拖绅"，"拖"字本作"扡"，《说文》："扡，曳也。"④皇侃疏："孔子既病，不能复著衣，而见君不宜私服，故加朝服覆于体上，而牵引大带于心下至足，如健时著衣之为也。"⑤"拖绅"就是将大带垂放于心下。包氏以为孔子等候君王问疾时，尚在卧席，故加朝服于私服上。然而，郑玄却认为孔子当时已离席，身穿朝服，在北墉下静候君王的到来。东首就是孔子候君时，头朝东以便于观察户外的神态。一旦君王入室，孔子就不再东首，而是行室内君臣朝见礼。

---

① 〔汉〕郑玄注，〔唐〕贾公彦疏：《仪礼注疏》，台北：艺文印书馆，影印阮刻《十三经注疏》，2011年，第3页。
② 〔汉〕许慎撰，〔宋〕徐铉校定：《说文解字》，北京：中华书局，2013年，第274页。
③ 〔汉〕许慎撰，〔清〕段玉裁注：《说文解字注》，上海：上海古籍出版社，1981年，第648页。
④ 〔汉〕许慎撰，〔宋〕徐铉校定：《说文解字》，北京：中华书局，2013年，第257页。
⑤ 〔梁〕皇侃撰，高尚榘整理：《论语义疏》，北京：中华书局，2013年，第256页。

词义新解也涉及郑玄对孔子思想的理解,比如《论语·八佾》云:

> 林放问礼之本,子曰:"大哉问!礼,与其奢也宁俭;丧,与其易也宁戚。"
>
> 【郑注】易,犹"简"(略),(言礼之)本意,失于(缺)。丧失于简略,不如哀戚。《礼记》曰:"斩衰之哭,若往而不返;(齐衰)之哭,若往而返;大功之哭,三曲而偯;小功缌麻,哀容可也。"①
>
> 【集解】包曰:易,和易也。言礼之本意失于奢,不如俭;丧,失于和易,不如哀戚。②

郑注"易"为简略,即言礼不足,陈鳣《论语古训》云:"时人治丧,以薄为其道,失之简略,故夫子以为宁戚,言必尽哀尽礼也。当从

---

① 王素:《唐写本〈论语郑氏注〉及其研究》,北京:文物出版社,1991年,第18—19页。

② 〔魏〕何晏注,〔宋〕邢昺疏:《论语注疏》,台北:艺文印书馆,影印阮刻《十三经注疏》,2011年,第26页。

理想化的"周礼"和孔子

郑。"①《礼记·学记》:"和易以思,可为善喻矣。"②"和易"即温和从容之义。包氏以丧礼"和易",可引申为礼有余。《礼记·檀弓上》云:"子路曰:'吾闻诸夫子,丧礼与其哀不足而礼有余也,不若礼不足而哀有余也。祭礼与其敬不足而礼有余也,不若礼不足而敬有余也。'"③丧礼"哀不足"与"礼有余"相应,"礼不足"与"哀有余"相应,此当是包氏所据。然而,郑注却不从《檀弓上》之说,郑注言礼不足,"不如哀戚",是说哀戚还不够。"如"是依照之义,也就是说当据《礼记》所言丧服五服的标准来哀戚。郑注后文是递进关系,主张礼和哀二者当并重,不可互舍,也就是说丧礼要尽礼尽哀才可以,二者非此消彼长的关系。

又比如《论语·述而》:

> 子不语:怪力,乱神。
>
> 【郑注】为浅识者将为之有精气,不修其德,而徒祈福祥,以惑世沮功。怪力,谓若石立社移。乱神,谓神降于莘之

---

① 〔清〕陈鳣撰:《论语古训》卷二,《续修四库全书》第154册,影印清嘉庆元年刻本,上海:上海古籍出版社,1995年,第337页。

② 〔汉〕郑玄注,〔唐〕孔颖达疏:《礼记注疏》,台北:艺文印书馆,影印阮刻《十三经注疏》,2011年,第653页。

③ 〔汉〕郑玄注,〔唐〕孔颖达疏:《礼记注疏》,台北:艺文印书馆,影印阮刻《十三经注疏》,2011年,第133页。

属也。①

学者从文献考证角度,以为《史记·孔子世家》记孔子识得木石、水、土之怪兽,又能辨识大禹时防风氏之骨节专车,说明孔子已有谈论"怪""神"的经历,所以"子不语"以下的内容就不能再简单按照字面分为四种。② 然而,郑玄即便分作"石立社移"和"神降于莘"两种,也属于"怪"和"神"的经历,如此解释不妥。"石立"应指宗庙前的石像或石头突然移动,"社移"指国家宗庙的神坛无故倒塌③,"神降于莘"则指天神下来考察国家兴亡④。以上并非泛论怪异之事,而是据以说明鬼神与政治之间的关系。郑玄以为通过祈祷神明降福,或通过灾异考察政治运作的方式,是"惑世沮功"、本末倒置。因为孔子重民本和仁德,以"天视自我民视,天听自我民听"⑤,必不论此类鬼神之事。显然,郑注将《论语》泛论鬼

---

① 王素:《唐写本〈论语郑氏注〉及其研究》,北京:文物出版社,1991年,第78页。
② 华喆:《郑玄〈论语注〉补说》,《中国经学(第十七辑)》,桂林:广西师范大学出版社,2015年,第163页。
③ 〔北魏〕杨炫之著,范祥雍校注:《洛阳伽蓝记校注》,上海:上海古籍出版社,2011年,第116页。
④ 〔晋〕杜预注,〔唐〕孔颖达疏:《春秋左传注疏》,台北:艺文印书馆,影印阮刻《十三经注疏》,2011年,第181页。
⑤ 〔汉〕孔安国传,〔唐〕孔颖达疏:《尚书注疏》,台北:艺文印书馆,影印阮刻《十三经注疏》,2011年,第155页。

神怪异的问题,巧妙地引导到孔子的治国思想上。

四、结　语

从以上唐写本《论语郑玄注》来看,郑玄是通过经注来建构自己心中理想化的西周礼制和维护孔子的圣人形象,只是郑玄巧用增礼解经和词义训释,以致后学不易觉察。郑玄通过增礼解经,将"素以为绚兮"释为具体的嫁娶之礼,《集解》节引郑注,删其所附之礼,遂使后来学者辗转相误,以为郑玄是在探讨抽象的礼义。郑玄以理想化的"周礼"度量衡来解释《论语》中春秋鲁国的容器,而不顾经义和史实;又以部分指代整体,训经中普通名词为礼书专有名词,以为《论语》所涉之礼多是西周的"周礼";更以增补字词,援引礼经和解说异文等方式,来诠释心中孔子的形象及其对孔子思想的理解。

东汉末郑玄主张"念述先圣之元意,思整百家之不齐",即巧妙消弭经书的抵牾和矛盾,以建立一套自治的经学体系。后人之所以称作"郑学",而不仅仅是郑注,这是因为郑玄并不仅仅通过文献考证的方式去追溯经书原义,也是以自己所理解的"先圣元意"来注群经。孔融《与诸卿书》曰:"郑康成多臆说,人见其名学,为有所出也。证案大较,要在《五经》四部书,如非此文,近为

妄矣。"①即言郑注有很多"臆说",引证《五经》和四部书无非是为表达其学术主张。

因此,学者若将郑注当作单纯的经注,旨在疏通经文,就很难解释郑注和经义之间的抵牾。如果认为郑玄是通过注解经文来表达见解,那么就可摆脱经文的束缚,从而打开"郑学"思想体系大门。比如《论语·公冶长》"子在陈"一章:

子在陈,及曰:"归与,归与!吾党之小子。狂简,斐然成章,不知所以裁之。"

【郑注】吾党之小子,鲁人为弟子,孔子在陈者,欲与之俱归于鲁也。狂者进取而略于时事,谓时陈人皆高谈虚论,言非而博,我不知所以裁制而止之,毁誉于日众,故欲避之归尔。②

《集解》"不知所以裁之"前无"吾"字③,则以上为孔子弟子的行为。郑本多"吾"字,则为孔子对弟子的训诫。有学者以为郑注依

---

① 详见《太平御览》之《学部二·叙经典》。〔宋〕李昉等撰:《太平御览》,北京:中华书局,1960年,第2736页。
② 王素:《唐写本〈论语郑氏注〉及其研究》,北京:文物出版社,1991年,第45页。
③ 〔魏〕何晏注,〔宋〕邢昺疏:《论语注疏》,台北:艺文书馆,影印阮刻《十三经注疏》,2011年,第45页。

理想化的"周礼"和孔子

据的是《史记·孔子世家》。① 也有学者以为《集解》之说本自《孟子·尽心上》"孔子在陈,何思鲁之狂士"一节,郑玄不取其说,是因为《孟子》非经。②

然而,以上均未晓郑注深义,郑注增入陈人高谈虚论这一细节,则"狂简,斐然成章"就是孔子针对陈人而言,而非孔子弟子。《孔子世家》辑引此句虽有"吾"字,却是孔子针对其弟子而言③,二者并不同。此句的背景是孔子思归鲁,但是季康子只招用孔子弟子冉求,孔子不得不以此托词归鲁,实属无奈之举。郑玄为了美化孔子及其弟子的形象才如此注解,并不是因为《孟子》非经而不引用。犹如《微子》章荷蓧丈人批评孔子及其弟子"四体不勤,五谷不分",宋吕本中和清俞樾等却认为这是荷蒌丈人自说自话,而非批评孔子和子路的话。④ 实际上,郑玄此类注解并无文献史实的依据,无非是其个人观点的阐发。

---

① 华喆:《郑玄〈论语注〉补说》,《中国经学(第十七辑)》,桂林:广西师范大学出版社,2015年,第168页。
② 乔秀岩:《论郑何〈论语〉异趣》,《北京读经说记》,台北:万卷楼图书股份有限公司,2013年,第201—202页。
③ 〔汉〕司马迁:《史记》,北京:中华书局,1959年,第1927页。
④ 〔清〕刘宝楠撰,高流水点校:《论语正义》,北京:中华书局,1990年,第724页。

"礼射"与"礼学"
——论郑玄经学思想对礼射注的影响

经书的解读离不开汉儒的注解,这是因为先秦的经书由于语言的发展,传抄的讹舛,到汉代已经不易读懂,所以汉儒须通过注解经书来阐发经义。只是汉代各家对于群经经义的解释并不一致,以致出现经学上的今、古文之争。两汉政府为了平息学术分歧,分别召开石渠阁会议和白虎通会议,却未能统一经术。然而,汉末郑玄"念述先圣之元意,思整百家之不齐",却能建立一套完整的经学体系,巧妙消弭经书之间的抵牾和矛盾,以至于郑注成为汉唐经注的典范,这是因为郑玄注经的方法与众不同。

郑玄注经的方法和特点,学者概括为"以礼注经",即以《周礼》为中心,围绕三《礼》确定其他经书的内容。① 即以为郑玄依文解义,以《周礼》的经义来统摄群经。然而,郑玄所言的"礼",

---

① 华喆:《礼是郑学:汉唐间经典诠释变迁史论稿》,北京:生活·读书·新知三联书店,2018年,第28页。

蕴含其学术主张,而非全本经义。实际上,郑玄融合今、古文注经的方法一方面综考先秦史料和经书古义,另一方面也遵从自己的学术见解,也就是说,郑玄参用"我注六经"和"六经注我"两种方法。不过,与宋儒以"理"注经不同,郑玄的见解又能在经文中找到文本依据。

本篇以郑玄礼射注为例,分析郑玄注礼的三种方法:一是依据已说,说明礼射的性质、过程和意义。二是遵从群经总义,分类解说各经的名物典制,以消弭彼此的抵牾。三是综考先秦古义,为其注寻求古文献的依据。本篇探讨"射义"相关问题,既包括礼射的范围,比如礼射与主皮之射的区别;也包括礼射的过程,比如礼射后的饮酒;还包括礼射的意义,比如乡射礼用于选拔人才。

一、《论语》郑注依据已见

二十世纪六七十年代新疆和甘肃敦煌出土了多种唐写本郑玄注《论语》,九十年代北京文物研究所王素对全部唐写本《论语》进行录文和校勘,并附相关的研究论文。学者据此发现《论语》郑注与何晏《论语集解》所收各家注的不同点在于郑玄常引礼

书,以为郑玄是在建立复杂的经学理论体系。① 也有学者认为郑玄是以《周礼》经义为中心,《论语》郑注只是其礼学的延伸。② 前者忽略经说不能脱离具体经书的经义而存在,后者则忽略郑注解说依据其经说而非《周礼》经文原义。如果不了解郑玄学说特点,整理或引用时,就会误解郑注,甚至改动其经注。唐写本《论语·八佾》涉及"主皮之射"一段经文,《周礼·地官》和《仪礼·乡射礼》均有相应经文,郑玄却偏不辑引。《仪礼·乡射礼》经文下,郑注分析礼射的不同种类,也不辑引《周礼·地官》。这就与之前学者所认定的郑玄注经的方法是"以经解经",以及"以《周礼》为中心"的观点不合。《周礼·地官》也不引他经,只以本经经义来注解。以致于清儒凌廷堪和孙诒让就对郑玄注"主皮之射"一段大为不解,直接认定郑注是误解经文。

写本《论语·八佾》此段郑注,王素校本将其关键词当成衍文,所断注文更是自相矛盾。也有学者据经义和郑玄三《礼》注回改郑注,以致辗转相误。《论语·八佾》:

> 子曰:"射不主皮,为力不同科,古之道也。"

---

① 乔秀岩:《郑、何注〈论语〉的比较分析》,《北京大学学报》(哲学社会科学版) 2009 年第 2 期。
② 华喆:《郑玄礼学的延伸——敦煌吐鲁番出土写本〈论语郑氏注〉研究》,《西域研究》2012 年第 3 期。

"礼射"与"礼学"

【郑注】射不主皮者,谓射礼。大射,(乡射),燕射,谓之礼射。今大射⊠主皮之射,胜者降。然则礼射虽不胜,犹复胜。[射]今大射、乡射、燕射是主(皮之射),将祭于君,班于获,射兽皮之射。礼射不主〔皮〕。优贤者,为力役之⊠科,不困人力。古之道,随士宜而制[祭]之。疾今不然(⊠表所缺字数不明,括号内字句据王校本文义补足。[射]、[祭]王校本以为是衍文。〔皮〕王校本以为脱文,据文义补)。①

王素校本认为注"[射]"和"[祭]"为衍文,又增脱文"〔皮〕",其《校勘记》举出的依据是:"今注多本于《仪礼·乡射礼》和《礼记·射义》,可参证二书郑注。"②因为经文只言礼射,王素言"参证二书郑注"并不确。虽然二经郑注均论及主皮之射,但《论语》郑注与之不同,不可言"多本于"。王素如此断句,前面言"射不主皮者,谓射礼。大射,乡射,燕射,谓之礼射",后面又言"今大射、乡射、燕射是主皮之射",射礼即礼射,又注文中有"礼射不主〔皮〕",则二者明显自相矛盾。此外,还混淆了礼射和主皮之射之别,礼射可以不祭祀,但主皮之射是要祭祀的,故注言"将祭于君"

---

① 王素:《唐写本〈论语郑氏注〉及其研究》,北京:文物出版社,1991年,第20—21页。
② 王素:《唐写本〈论语郑氏注〉及其研究》,北京:文物出版社,1991年,第27页。

后面是谈"主皮之射","随士宜而制祭"之"祭"字非衍文,"礼射不主皮"之"皮"字也非脱文,"礼射不主优贤者"正与前注"然则礼射虽不胜,犹复胜"相应。

王素校本只是断句和判定衍脱稍有不妥,尚未改动文字。学者乔秀岩则在王素校本的基础上,据《仪礼·乡射礼》注来改动郑注,改变了郑注文义,不免使其引用和分析失去文献依据。乔秀岩引用此段云:

> 子曰:"射不主皮,为力不同科,古之道也。"
>
> 【郑注】射不主皮者,谓射礼。大射、宾射、燕射,谓之礼射。今大射(中缺)主皮之射,不胜者降。然则礼射,虽不胜犹复升射。今大射、乡射、燕射是主(中缺)将祭于君,班余获,射兽皮之射。礼射不主皮。优贤者,为力役之(中缺)科,不因人力。古之道,随事宜而制祭之。疾今不然(按:"不胜者降",卜天寿本脱"不";"犹复升射",卜天寿本作"由复胜射",今订正)。①

注中"宾射"二字,原为缺文,且据王素本校例,只缺两字,乔氏据

---

① 乔秀岩:《郑、何注〈论语〉的比较分析》,《北京大学学报》(哲学社会科学版) 2009年第2期。

"礼射"与"礼学"

《仪礼》郑注补。然而,后注"大射、乡射、燕射是主"连用,显然所缺二字是"乡射"。《仪礼》郑注言"礼射,谓以礼乐射也。大射,宾射,燕射是矣",不言乡射。而上注却言乡射,不言宾射,可见乔氏引他经郑注来解本经郑注的方法并不妥。又改"困"字作"因","胜射"改为"升射"。然而,"今大射、乡射、燕射是主(中缺)"所缺字数,据王素本,只缺三个字。王氏校记拟为"皮之射"三字,是正确的。如此,乔氏还是没能解决注文矛盾问题。更重要的是,乔氏依据《仪礼》注,增加否定词"不",注文文义全变(见下分析)。

实则此处郑注并无衍文和讹字,郑玄是在对比礼射和主皮之射的不同,而不是将主皮之射当成礼射,其断句应如下:

子曰:"射不主皮,为力不同科,古之道也。"

【郑注】射不主皮者,谓射礼。大射,(乡射),燕射,谓之礼射。今大射⊠主皮之射,胜者降。然则礼射虽不胜,犹复胜。射,今大射、乡射、燕射是。主(皮之射),将祭于君,班于获,射兽皮之射。礼射不主优贤者,为力役之⊠科,不因人力。古之道,随士宜而制祭之。疾今不然(⊠表所缺字数不明,括号内字句据文义补足)。

"射"字非衍文,郑注"射,今大射,乡射,燕射是",是说经文中的"射",指的是以下三种礼射。其实礼射还包括宾射,郑注未提及。当在"是"后面断句,后面"主皮之射"是另外一句的主语。全注分析礼射和主皮之射的差别,也对比古今的不同。所以虽然前面"今大射☒主皮之射"中所缺字数未详,但应当包括否定词,正好与后面"主皮之射"对应。后面"祭"是说主皮之射,非衍文。

郑注"大射(非)主皮之射,胜者降。然则礼射虽不胜,犹复胜",是说礼射不重视胜负,而重视礼仪,即便胜者也下堂。"礼射不主优贤者",礼射中的"贤",即胜出,贤获,指的是数胜方多出的算筹,也就是说礼射不重视胜者胜出多少,注文互相呼应。乔氏改作"不胜者降",等于是说胜者可以不用下阶,还在阶上,这岂不与"礼射不主优贤者"相悖。郑注"为力役之☒科,不困人力",方框内的缺文可参考马融注,当是"为力役之(事)。(不同)科"。科,即等,指等级和品类。因为在礼射中,三耦及二番射中宾主和众人配耦上射,因为是临时配耦,配耦双方水平参差不齐。若上耦是上品射艺,而下耦只是中品,甚至只是普通射艺,则下耦必输于上耦。若以胜负论,则不免影响大家宴饮娱乐的情绪。

《八佾》章还有一段经文,孔子论君子礼射所争和饮罚酒问题,此段郑注,王素校本的断句和乔氏的引文也有不妥处,王素校本如下:

> 子曰:"君子无所争,必〔也〕。射乎,揖让而升,下而饮,其争也君子。"
>
> 【郑注】射乎,☐又☐于是乃有争心。仁(人)唯病者不能射。射礼、史(使)不中者酒饮。不中者酒〔饮〕所以养病。故仁(人)耻之。君子心争,小人力争也。①

经文"必"字后脱"也"字,校本据《经典释文》和《礼记·射义》引文补足,是也。注文"史"通"使"。"不中者酒所以养病",王素校本《校勘记》云:"'酒'后,《考校记》②谓脱一'饮'字。"③即当作"不中者酒饮所以养病"。

乔氏则断注作:

> 【郑注】射乎,(中缺)于是乃有争心。人唯病者不能射。射礼,使中者饮不中者。酒,所以养病,故人耻之。君子心争,小人力争也(按:此章据卜天寿抄本。"使中者饮不中者",原本作"使不中者也酒饮不中者",义不可通。今录文以意修改,非谓郑注原文必当如此,特此说明)。

---

① 王素:《唐写本〈论语郑氏注〉及其研究》,北京:文物出版社,1991年,第19页。
② 王素校本《校勘说明》,中国社会科学院考古研究所资料室:《唐景龙四年写本〈论语郑氏〉校勘记》,《考古》1972年第2期。
③ 王素:《唐写本〈论语郑注〉及其研究》,北京:文物出版社,1991年,第25页。

乔氏言原本作"使不中者也酒饮不中者",实则原本并无"也"字。乔氏又删原文的否定词"不"字,在"酒"字后断句,不认为有脱文。诚然,"酒饮"不成辞,上古汉语里,一般是有不、毋、未、莫等否定词的否定句,且宾语是代词时,才宾语前置。此句是肯定句,酒也不是代词,因此"饮酒"不能写成"酒饮"。

此章经文及注的断句应如下:

子曰:"君子无所争,必(也)。射乎揖让而升下,而饮,其争也君子。"

【郑注】射乎,▢又▢于是乃有争心。人唯病者不能射。射礼,使不中者酒;饮不中者酒,所以养病,故人耻之。君子心争,小人力争也。

这里前一个"酒"字,是名词活用为动词,作饮酒之义。"饮"字则为及物动词的使动用法,读去声,即使不中者饮酒。"饮不中者酒"省略主语"中者",即中者使不中者饮酒。此句式与《左传》宣公二年"晋侯饮赵盾酒"相同。郑注前言"人唯病者不能射",与此处言使不中者饮酒来养病,正相应。"使不中者酒"和"饮不中者酒"文义同,但从句法来看,前者是兼语式句法,后者是使动句法,且更精炼;前者说明事实,后者则是顺承,以便解释原因。

经文断句，王素校本作"揖让而升，下而饮，其争也君子"，朱子《论语集注》亦同。① 但如此断句有误，因为礼射升阶、下阶均要揖让，何况饮酒也在阶上，而不在阶下。《诗经·小雅·宾之初筵》"发彼有的，以祈尔爵"，郑注："胜者饮不胜者，所以养病也。故《论语》曰'下而饮，其争也君子'。"孔疏云："意取而饮与争，故引彼文不尽耳。"② 即言此处郑玄引他经是断章取义。王素据此引文来断句，并不妥。刘宝楠认为："公卿大夫位耦不升，立饮于西阶上，无揖让事，所以尊尊也。若以士为公卿大夫之耦，不胜亦执弛弓，特升饮，亦无揖让事，以士贱不敢匹尊者也。"③ 以为公卿与士配耦，若礼射不胜，可不升堂饮酒，且不行揖让。然而，乡射礼的主角是三耦，卿大夫作为主和宾，只是配角，顺便参与。孔子显然不是说公卿大夫，即便如此，饮酒还是在阶上。若作"下而饮"，会误以为饮酒在阶下。《经典释文》云"郑读以'必也'绝句"，又"'揖让而升下'绝句"。④ 当据《释文》所言郑本句读。射手无病，却喝养病的酒，故心耻之，而非以胜负为耻，因为礼射本来就带有寓教于乐的性质。

---

① 〔宋〕朱熹：《四书章句集注》，北京：中华书局，1983年，第63页。
② 〔汉〕毛亨传，〔汉〕郑玄笺，〔唐〕孔颖达疏：《毛诗注疏》，台北：艺文印书馆，影印阮刻《十三经注疏》，2011年，第490页。
③ 〔清〕刘宝楠撰，高流水点校：《论语正义》，北京：中华书局，1990年，第89页。
④ 〔唐〕陆德明撰，黄焯断句：《经典释文》，北京：中华书局，1983年，第346页。

此章《论语集解》所引马融注,则拆分经文,与郑注迥异:

子曰:"射不主皮,

【集解】马曰:射有五善焉:一曰和,志体和。二曰和容,有容仪。三曰主皮,能中质。四曰和颂,合雅颂。五曰兴武,与舞同。天子有三侯,以熊、虎、豹皮为之。言射者不但以中皮为善,亦兼取和容也。

为力不同科,古之道也。"

【集解】马曰:为力,力役之事。亦有上中下,设三科焉,故曰不同科。

二者不同之处在于:郑玄重点在说明射礼性质,而马融则侧重在射箭对人综合素质的提升。马融援引《周礼·地官》中乡大夫举荐贤能,"退而乡射之礼五物询众庶"一段。其中"四曰和颂",经文则作"和容";"五曰兴武",经文则作"兴舞"。"颂"和"容"同,面容之"容"是借字,本字是"颂"。将"颂"当作《诗经》之《雅》《颂》,已非本义。天子射礼用《驺虞》、卿大夫用《采蘋》、士用《采蘩》,皆是《召南》;诸侯用《貍首》,是古逸诗。射礼所奏无《雅》《颂》。郑玄不援引此段,更因为此射是射礼。先秦射礼,只针对士以上的贵族,而庶民无射礼,更无射侯,乡大夫举荐贤能,却包括庶民。以上马融表面上"以经解经",实则却忽略经书之间所言名物礼制的差异。

二、《周礼》郑注遵从经书总义

以上仅是《论语》礼射郑注整理方面的疏失,至于研究方面,学者未晓郑玄经说的特点,在三《礼》郑注的解读上也存在问题。《周礼·地官》:"(乡大夫)退而以乡射之礼五物询众庶:一曰和,二曰容,三曰主皮,四曰和容,五曰兴舞。"郑玄注:

> 以,用也。行乡射之礼,而以五物询于众民。郑司农云:"询,谋也,问于众庶,宁复有贤能者。和,谓闺门之内行也。容,谓容貌也。主皮,谓善射,射所以观士也。"故书"舞"为"无"。杜子春读和容为和颂,谓能为乐也;无读为舞,谓能为六舞。玄谓和载六德,容包六行也。庶民无射礼,因田猎分禽则有主皮。主皮者,张皮射之,无侯也。主皮、和容、兴舞。则六艺之射与礼乐与?当射之时,民必观焉,因询之也。孔子射于瞿相之圃,盖观者如堵墙。射至于司马,使子路执弓矢,出誓射者。又使公罔之裘、序点扬觯而语。询众庶之仪若是乎?①

---

① 〔汉〕郑玄注,〔唐〕贾公彦疏:《周礼注疏》,台北:艺文印书馆,影印阮刻《十三经注疏》,2011年,第181页。

郑玄以六德、六行和六艺注之。据《周礼·地官》,大司徒"以乡三物教万民,而宾兴之"①,兴,举也。乡大夫三年大比,以德行、道艺举贤能于王,而大司徒也举贤能于王,乡大夫是大司徒的属官,乡大夫也受教法于大司徒,郑玄以为二者是一事,故以乡大夫举贤能注此章。

大司徒的考察标准是:"一曰六德:知、仁、圣、义、忠、和;二曰六行:孝、友、睦、姻、任、恤;三曰六艺:礼、乐、射、御、书、数。"②郑上注就是以"和"来承载六德。训"容"为孝,因为"善为孝者,必合乎容仪",以孝来包六行。其后主皮、和容和兴舞,则是六艺的内容,主皮即射,和容当礼,兴舞当乐。值得注意的是"兴舞",郑玄未作详释,王引之《经义述闻》训作"兴者,作也,起也",以为是"射时有以弓矢舞之礼","舞,当在歌乐之时歌咏其声,舞动其容也"。③ 今学者也认为士在乡射礼上起舞。④ 但这里"兴舞"不应

---

① 〔汉〕郑玄注,〔唐〕贾公彦疏:《周礼注疏》,台北:艺文印书馆,影印阮刻《十三经注疏》,2011年,第160页。

② 〔汉〕郑玄注,〔唐〕贾公彦疏:《周礼注疏》,台北:艺文印书馆,影印阮刻《十三经注疏》,2011年,第160页。

③ 〔清〕王引之:《经义述闻》卷八,江苏:江苏古籍出版社,2000年,第201页。

④ 胡新生云"五物中之兴舞,而《乡射礼》就未见此项内容",即以兴舞为起舞、跳舞。胡新生:《西周时期三类不同性质的射礼及其演变》,《文史哲》2003年第1期。

"礼射"与"礼学"

当是跳舞,而是"合舞"。《周礼·春官》"春入学,舍采,合舞"①,周代士以上的贵族子弟,到了十二岁,就要入学官学习礼乐。春入学,要先"舍采",即用"释菜"礼敬老师,然后开始学习合舞,即与礼乐有关的列队和节奏。郑玄以为乡大夫虽选贤能于王,其文书也为天府收藏,但并未正式任用,还应在众人中询问他们平时的德行和道艺。若乡射之礼的五物,仅就射手的一次表现而言,那么乡射礼中,宾、乡大夫、司射、司正皆在场亲证,为何不询问他们射手的水平如何,反而要询问围观民众?等于考试不问主考官而问旁观者。据《礼记·射义》记孔子射于矍相之圃,司马使子路执弓矢出延射者。因为围观人数众多,不可能都让他们进来射,子路出去选想参与礼射的人,也是就他们平时的品行而论。郑玄注"五物"时援引之,以为这大概就是"询众庶之仪"。

郑注解释非常详尽,但清代凌廷堪和孙诒让却认为郑注不确,当援引《仪礼·乡射礼》来"以经证经",不可以"徒以意衡之"。凌廷堪《周官乡下射五物考》云:

> 盖一曰和,二曰容者,即《乡射礼》之三耦射也,获而未释获,但取其容体比于礼也,是为第一次射。三曰主皮者,即

---

① 〔汉〕郑玄注,〔唐〕贾公彦疏:《周礼注疏》,台北:艺文印书馆,影印阮刻《十三经注疏》,2011年,第353页。

《乡射礼》之三耦,及宾主人,大夫众耦皆射也。司射命曰"不贯不释",盖取其中也,故谓之主皮。马氏《论语注》以主皮为能中质,是也。是为第二次射。四曰和容,五曰兴舞者,即《乡射礼》之以乐节射也。司射命曰"不鼓不释",既取其容体比于礼,又取其节比于乐也。比于礼故谓之和容,盖如前三耦射也,比于乐故谓之兴舞,盖取其应鼓节也。故前已言"和容",此复言"和容"也,是为第三次射乡射。《记》云"礼射不主皮",郑氏注:"不主皮者,贵其容体比于礼,其节比于乐,不待中为隽也。"盖古经师相传之解,指第三次射而言,深得经意。"不主皮"为第三次射"不鼓不释"。则主皮为第二次射"不贯不释"可知矣。①

孙诒让《周礼正义》此条全引凌氏之说,云"凌说是也"。更驳郑注云:"郑不知主皮即《乡射》第二次射,故以为庶民因田猎分禽之射也。"②凌廷堪以为《周礼·地官》所言"乡射之礼五物"是就乡射礼而言。以"一曰和,二曰容者"为乡射礼的三耦第一番射,以"主皮者"为三耦之二番射,和容和兴舞,则是第三番射。然而,首

---

① 〔清〕凌廷堪:《周官乡下射五物考》,《校礼堂文集》卷十四,清嘉庆十八年刻本,第1—3页。
② 〔清〕孙诒让著,汪少华整理:《周礼正义》,北京:中华书局,2015年,第1029、1031页。

先,第一番射,三耦只是演练弓箭是否合适,并无多少仪容可参考。其次,以第二番射"不贯不释"为主皮,但第三番射"不鼓不释",射者合乐节奏,还是需要考虑是否射中,仍是主皮。第二番射宾主和众人搭配成耦上射,是不主皮的。最后,最重要的是将选贤能的标准,完全依于一次乡射礼,而毫不考虑被推选者平时的德行和其他方面的能力,于情于理皆不通。何况乡射礼中,除了主皮射中有客观标准外,其他方面的考察则是主观的,众说纷纭,又如何裁定。若据凌氏和孙氏之说,乡大夫选贤标准即与其上司大司徒不一样,《周礼·地官》经文所言"正月之吉,(乡大夫)受教法于司徒",又该如何解释。

郑玄不"以经证经",正是因为在郑玄看来,《仪礼》所言主皮之射,与《周礼》并不同,不可以互相援引。

三、《仪礼》《礼记》郑注综考古义

《仪礼·乡射礼》论礼射和主皮之射的关系,郑玄注解最为详尽,贾公彦又有疏证,本该无争议。然而,此注却是引起学者误解最多之处。郑玄区分主皮之射和礼射,但主皮之射又有两种情况:一是前面庶民无射礼,直接张皮而射;二是泽宫习礼处的主皮射。

《仪礼·乡射礼》:"礼射不主皮。主皮之射者,胜者又射,不

屯蒙集

胜者降。"郑注：

> 主皮者，无侯张兽皮而射之，主于获也。《尚书传》曰："战斗不可不习，故于搜狩以闲之也。"闲之者，贯之也；贯之者，习之也。凡祭取余获陈于泽，然后乡大夫相与射也。中者，虽不中也，取；不中者，虽中也，不取。何以然？所以贵揖让之取也，而贱勇力之取，向之取也于囿中，勇力之取也。今之取也于泽宫，揖让之取也。泽，习礼之处，非所于行礼。其射又主中，此主皮之射与？①

以上"中者，虽不中也，取"云云，今上海古籍出版社点校本作："中者虽不中也，取不中者；虽中也，不取。"②此断句有误（见下）。贾疏解释主皮之射云："凡祭，乃以余获陈于泽宫中，乡大夫、士共以主皮之礼射取之。云'虽不中''虽中'者，据向田时也。"今校本"凡祭"作"已祭"，"已"为误字，阮元《校勘记》已详考③，今校本

---

① 〔汉〕郑玄注，〔唐〕贾公彦疏：《仪礼注疏》，台北：艺文印书馆，影印阮刻《十三经注疏》，2011年，第150页。

② 〔汉〕郑玄注，〔唐〕贾公彦疏，王辉整理：《仪礼注疏》，上海：上海古籍出版社，2008年，第375页。

③ 〔清〕阮元：《十三经注疏校勘记》，《续修四库全书》第181册，上海：上海古籍出版社，1995年，第353页。

仍作"已"字且无校记。又"据向田时也",校本"向"作"内",阮元刊本作"向",《经典释文》作"乡"①,"乡"通"向"。作"内"是误字,也无出校。校者以上失误,是因为不知注和疏"中"和"不中"具体所指。据《穀梁传》昭公八年经"秋,蒐于红",传云:

> 禽虽多,天子取三十焉。其余与士众以习射于射宫。射而中,田不得禽则得禽。田得禽而射不中,则不得禽。是以知古之贵仁义而贱勇力也。②

就是说天子田猎,猎物虽多,只从中取三十只,余下的给将士在射宫习射。能够在射宫射中的,田猎时虽无猎获,这时也可以得到;反之,田猎时有猎获,在射宫却射不中,那也得不到猎物,这也是主皮之射。这是对田猎武力所获的否定,因为田猎所获不算数。此主皮之射也是田射向礼射的过渡。"贵揖让之取"是说在泽宫习礼时,双方配耦射皮,行礼时互相揖让。与礼射不同的是,射中者还可以再射,不中者则退下,这是因为猎物要通过这种方式分配完毕。据此传,就可以理解郑注"中者,虽不中也,取"的具体

---

① 〔唐〕陆德明撰,黄焯断句:《经典释文》,北京:中华书局,1983年,第148页。
② 〔晋〕范宁注,〔唐〕杨士勋疏:《春秋穀梁传》,台北:艺文印书馆,影印阮刻《十三经注疏》,2011年,第168页。

所指。

"泽宫"之"泽"并非水泽,而是"择士"之"择"。《礼记·射义》:"天子将祭,必先习射于泽,泽者,所以择士也。已射于泽,而后射于射宫,射中者则得与于祭,不中者不得与于祭。"①天子择士参加祭祀,先在泽宫习射,而后在射宫中正式礼射,射中者才可以参加祭祀,射不中者不仅不能参加祭祀,举荐的诸侯还要被削地。泽宫,孙诒让云:"泽者,盖即灵沼也。泽上为宫,则谓之泽宫,省文亦通谓之泽。"②孙氏以为泽宫即在周天子行宫灵沼上。孙说可从,当然,泽宫也可能在水旁,而非在水上。据《尚书大传》,囿中和泽宫对言,囿即天子的苑囿,泽宫也当在附近。天子在囿中猎禽,其余获则置于附近泽宫,以供跟随的卿大夫及其子弟习射。或以为泽宫为辟雍,但辟雍为礼射所在,平时也用于习射,何须同时设两宫。泽宫,广义上也可称为"射宫",《仪礼经传通解》引郑玄《尚书大传》注云:"泽,射宫也。"③上文《穀梁传》昭公八年所言"习射于射宫",范注"射宫,泽宫也",泽宫与射宫不同,但可统称

---

① 〔汉〕郑玄注,〔唐〕孔颖达疏:《礼记注疏》,台北:艺文印书馆,影印阮刻《十三经注疏》,2011年,第1019页。
② 〔清〕孙诒让著,汪少华整理:《周礼正义》,北京:中华书局,2015年,第3094页。
③ 〔宋〕朱熹:《仪礼经传通解》卷三十六,《朱子全书》第2册,上海:上海古籍出版社;合肥:安徽教育出版社,2002年,第718页。

"射宫"。

西周静殷铭文:"隹六月初吉,王才(在)䜌京,丁卯,王令(命)静司射,学宫小子眔(暨)服眔小臣眔尸(夷)仆学射。于八月初吉庚寅,王以(与)吴㼱、吕㓝(犅)卿(合)𤔲𠂤,邦周射于大池。静学(教)无叧(尤)。"①据伯唐父鼎铭文也言"王在䜌京",又言"辟舟""辟池"②,则此大池又名作辟池,辟池即天子行宫之灵沼也。因此,以上所言的学宫,小子学射,当指泽宫。今学者据上铭文"邦周射于大池",就以为伏生、郑玄释泽为泽宫是错误推测③并不妥。泽宫不在辟雍,而在辟池,即灵沼旁,天子可在灵囿中射,也可在灵沼中射,所得余获置于泽宫。铭文和《尚书大传》所言并无不同。

泽宫兼武射。《周礼·夏官》云:"泽,共射椹质之弓矢。"④此言在泽宫中,也射椹质,椹质即砧板。《周礼·夏官》"王弓、弧弓

---

① 郭沫若:《两周金文辞大系图录考释》,北京:科学出版社,1957年,第55页。杨树达:《积微居金文说》,长沙:湖南教育出版社,2007年,第201—203页。
② 铭文释文详见中国社会科学院考古所:《长安张家坡M183西周洞室墓发掘简报》,《考古》1989年第6期。
③ 胡新生:《西周时期三类不同性质的射礼及其演变》,《文史哲》2003年第1期。
④ 〔汉〕郑玄注,〔唐〕贾公彦疏:《周礼注疏》,台北:艺文印书馆,影印阮刻《十三经注疏》,2011年,第486页。

以授射甲革,椹质者"①,王弓、弧弓是力道最强的弓,平常士子还在泽宫习射椹质,此即武射。孙诒让以为主皮之射无侯,以椹质甲革代之。② 此说未确,郑玄明言主皮之射是"张兽皮而射之",并非椹质。椹质、甲革也不同,经文只言"椹质",不含甲革。因马融释主皮为射中,如此,则主皮之射当然就包括椹质之射。

射甲革则是贯革之射。据《礼记·乐记》言武王战胜商纣王,然后"散军而郊射,左射《狸首》、右射《驺虞》而贯革之射息也"。郑注:"贯革,穿革甲也。"③"革"不是皮革,而是铠甲。贯革之射是军射,不仅要射中,而且矢穿甲革为优,因为主于杀敌。《左传》成公十六年:"潘尪之党与养由基蹲甲而射之,彻七札焉。"杜注:"蹲,聚也。"此即射穿铠甲之例。孔疏云:"军中不习容仪,又无别物,但取甲铠张之而射,唯穿多重为善,谓为贯革也。"④其说甚确,"贯革之射息",只是军射不再受推崇,但仍保留武射。今学者认为西周贵族军队频繁作战,"贯革之射息"是战国儒生夸大之辞,

---

① 〔汉〕郑玄注,〔唐〕贾公彦疏:《周礼注疏》,台北:艺文印书馆,影印阮刻《十三经注疏》,2011 年,第 485 页。
② 〔清〕孙诒让著,汪少华整理:《周礼正义》,北京:中华书局,2015 年,第 3093 页。
③ 〔汉〕郑玄注,〔唐〕孔颖达疏:《礼记注疏》,台北:艺文印书馆,影印阮刻《十三经注疏》,2011 年,第 697 页。
④ 〔晋〕杜预注,〔唐〕孔颖达疏:《春秋左传注疏》,台北:艺文印书馆,影印阮刻《十三经注疏》,2011 年,第 476 页。

不是事实。① 然而,西周至春秋的战争规模都不大,顾炎武已言"终春秋二百四十二年,车战之时,未有斩首至于累万者","先王之用兵,服制而已,不期于多杀也,杀人之中又有礼焉"。② 所谓战争仪礼,就是尊礼重信,只有到战国时,才"文武之道尽矣"③。实际上,即便潘党和养由基的射艺如此,楚王仍斥责言:"大辱国,诘朝,尔射,死艺。"④然而,二人在后来的战争中却发挥很大作用,并非"死艺",楚王只是轻视这种军射。

主皮之射还行揖让之礼,而武射和贯革之射则不必讲礼。主皮之射和武射只需射中,而贯革之射则要射穿,重力道。至于朱子所言的主皮和贯革之射,又与郑玄之说不同。朱子《论语集注》此章云:"皮,革也,布侯而栖革于其中以为的,所谓鹄也。科,等也。古者射以观德,但主于中而不主于贯革,盖以人之力有强弱,不同等也。"⑤这里的"皮"是指布侯,"栖革"是指布侯质和鹄上装饰用的一点皮革,"贯革"只是射穿布侯。朱子只是泛言礼射重在

---

① 胡新生:《西周时期三类不同性质的射礼及其演变》,《文史哲》2003年第1期。
② 〔清〕顾炎武著,黄汝成集释:《日知录》卷三,上海:上海古籍出版社,2006年,第152页。
③ 〔清〕顾炎武著,黄汝成集释:《日知录》卷三,上海:上海古籍出版社,2006年,第750页。
④ 〔晋〕杜预注,〔唐〕孔颖达疏:《春秋左传注疏》,台北:艺文印书馆,影印阮刻《十三经注疏》,2011年,第476页。
⑤ 〔宋〕朱熹:《四书章句集注》,北京:中华书局,1983年,第65页。

观德,主射中而非射穿。今学者混淆朱子所谓的"贯革之射"与汉儒所言的"主皮之射"的差异,以为主皮之射即武射,武射则重穿透皮甲的力度。① 这并不妥。马融的主皮之射,只是言能射中,射中侯而已。而郑玄的主皮则是张兽皮;朱子的主皮则是以皮革饰布侯,贯革则是射穿布侯。马融所言的侯,是只有天子和诸侯的侯才以兽皮饰侯"中"两侧,士大夫则是布侯而画兽形于侯"中"两侧。由此可见,三者对主皮和贯革的定义是不同的。

从平时习礼来看,泽宫有椹质而无甲革之射,椹质由木桩制成,可以反复射且不易射穿,而甲革则易射穿。潘党和养由基为何要蹲甲七件而射?就是为测力度。这种贯革之射当依孔疏,只在军中射。今学者以为《周礼·夏官》文字讹误,改作"泽射共椹质之弓矢"②,并不确。泽乃泽宫。大射、燕射之弓,只用到唐弓和大弓,即便是在泽中射鸟兽,也只用到夹弓和庾弓,只因泽宫有椹质,才会用到最强的王弓和弧弓。

---

① 胡新生:《西周时期三类不同性质的射礼及其演变》,《文史哲》2003 年第 1 期。又任慧峰:《关于先秦射礼的几个问题》,王志民主编《齐鲁文化研究(总第八辑)》,济南:山东文艺出版社,2009 年,第 61 页。

② 刘雨:《伯唐父鼎的铭文与时代》,《金文论集》,北京:紫禁城出版社,2008 年,第 316 页。

四、结　语

　　总之,郑玄注此章礼射,是基于经书经义的总体考虑。在射艺上,区分为礼射、主皮之射、武射和贯革之射(军射),主皮之射介于礼射和武射之间,还存揖让之礼。泽宫有主皮之射和武射,贯革之射只在军营中。郑玄不引《周礼·地官》主皮之说来诠释礼射,首先是因为乡大夫选拔包括庶民,而庶民武射无侯。其次,乡大夫是大司徒的属官,二者选贤能标准本一致,故郑玄以为《周礼·地官》的主皮即是六艺的射艺,而不是以一次乡射礼的仪容来决定人才取舍。郑玄注解精微和细密,为其他经学家所不及。清凌廷堪、孙诒让以及今学者对郑注的驳斥,就在于只是"以经解经",而不考虑经书经义之间的不同。

　　乔氏认为以上礼射是建构的概念,非经书所固有。[1] 更认为"郑玄建立精密复杂之经学理论体系,区分概念以保存经书原有之复杂性,是属于纯理论文献研究"[2]。然而,据笔者以上分析,礼射分作四种,各自之间的差别,是有其文献依据的。各经书产生

---

[1]　乔秀岩:《郑、何注〈论语〉的比较分析》,《北京大学学报》(哲学社会科学版)2009年第2期。
[2]　乔秀岩:《郑、何注〈论语〉的比较分析》,《北京大学学报》(哲学社会科学版)2009年第2期。

的时代不同,每本经书的名物概念,若就其本书而言,则并不复杂。今经书之所以有复杂的名物概念,是因为注疏者为论证自己的学说,详加区分各经书的名物概念,使之成为有机整体,这种复杂性是注疏者赋予的。郑玄综考经书经义和上古礼射文献,从中归纳而得礼射四类,其中虽参用其见解,但也依据前人古义和经书总义,是建立在文献考订上的学说。笔者以为称之为"学术见解"更合适。因为若称作"理论体系",往往是纯粹思辨的产物,并不需要考据。然而,郑玄经说并未离开各经书的具体经义,不是从理论推演而来,而是考据和义理的紧密结合。孔融《与诸卿书》曰:"郑康成多臆说,人见其名学,为有所出也。证案大较,要在《五经》四部书,如非此文,近为妄矣。"①孔融虽不满郑玄多据己见串通群经,但又说郑注皆有出处,举证大体在《五经》和四部书里。

一旦经书之间的名物和经义不同,经注者要统摄群经,一般会用三种方法:1. 引他经来注解本经时断章取义;2. 重新训释各经名物,使之可互相援引;3. 不援引,各自分类解说,但依据群经总义。经书经过注者的解说,消弭彼此之间的抵牾,成为经学体系的有机组成部分。见下图:

---

① 详见《太平御览》之《学部二·叙经典》。〔宋〕李昉等撰:《太平御览》,北京:中华书局,1960 年,第 2736 页。

"礼射"与"礼学"

图2 经说的方法

各经书彼此之间要有关联,离不开以上三种疏解。以上郑注《论语》和注《仪礼·乡射礼》《礼记·射义》并不同,属于分类疏解的情况;而校理者却误认为是可以互相训解的第二种情况,以致出现失误。因此,整理和研究经书注疏时,除了考虑经书原义外,更重要的是依据注者的思想,即注者所持的经学见解。

辨析子注和自注

刘知几《史通》云："亦有躬为史臣，手自刊补，虽志存该博，而才阙伦叙，除烦则意有所吝，毕载则言有所妨，遂乃定彼榛楛，列为子注。若萧大圜《淮海乱离志》，羊衒之《洛阳伽蓝记》，宋孝王《关东风俗传》，王劭《齐志》之类是也。"[1]陈寅恪认为"子注"即合本子注的省称。但近来学者则认为合本子注就是子注，而此处"子注"实则是史书自注，因子注原为佛经翻译的一种别本，其以小字夹于正文之中，起于六朝时期，子注的优点被史书自注吸收。[2] 实则合本子注只是子注体例的一种。自注和子注的渊源不同，为何后来二者后来会等同？这就需要梳理二者的含义及其演变过程。

---

[1] 〔唐〕刘知几著，浦起龙通释：《史通通释》，上海：上海古籍出版社，2009年，第122—123页。

[2] 赵宏祥：《自注与子注——兼论六朝赋的自注》，《文学遗产》2016年第2期。

一、子注溯源

子注源于佛经的子母注,原指一种特定的注释体例,子是针对正文(母)而言,即在行文中,以小字注解专有名词。但在实际使用及中土译经中,子注含义却很复杂。从现存史料来看,子注至少可指:(1)合本子注;(2)梵文注释;(3)事数注经;(4)格义解经。

首先分析合本子注,合本子注只是子注的一种,合本是对子注的进一步限定①,合本子注分为狭义和广义,狭义合本子注,陈寅恪云:"所谓'子注'是取别本义同文异之文,列入小注之中,与大字正文互相拟配。这叫作'以子从母','事类相对'。这样的本子叫'合本'。"②就是取同本异译的译本,以一本为母本,其他译本为子本,拆分子本作为母本的注解,但可合并二者同义处,仅取子本译文不同处。合本的作用主要是不同译本互相参看,但多

---

① 陈志远据陈寅恪《支愍度学说考》,以为"按照陈氏的理解,'子注'是对'合本'的进一步限定"。陈志远:《"合本子注"再检讨——早期佛典翻译史的独特方法》,《汉语佛学评论》2018 年第 6 辑。此解读恐不妥,因为陈寅恪所言的"合本子注",不论是狭义的还是广义的,关注重点均在子注。狭义合本子注的子注是同本异译,广义合本子注的子注是解释和补充母本的内容,更何况子本已变子注。

② 陈寅恪:《魏晋南北朝史讲演录》,贵阳:贵州人民出版社,2007 年,第 53 页。

数合本却删削子本文句,比如《出三藏记集·首楞严经记》云:"披寻三部,劳而难兼,欲令学者即得其对,今以越所定者为母,护所出为子,兰所译者系之,其所无者辄于其位记而别之。或有文义皆同,或有义同而文有小小增减,不足重书者,亦混以为同。"[①]狭义合本子注,子注与母本文义相近。

广义合本子注则是依某一主题汇编各书相关内容,比如竺昙无兰合编《三十七道品》,其《序》言"三十七品,或离或合,在《一增》",三十七品又称三十七道品[②],是后来佛教徒归纳佛经的修道系统而成。竺昙无兰从各经中选出一种为母本,"使经体不毁",将其他子本相关内容附于母本句下,即"以诸经之异者,注于句末"。广义合本子注,子本作为子注却可补正母本文句,这也是判定《史通》所言"子注"是"合本子注"的关键点。

子注还包括梵文注释,比如慧远《大乘义章·四悉檀四门分别》云:

> 四悉檀义,出《大智论》,言悉檀者,是中国语,此方义翻,其名不一。如《楞伽》中子注释言,或名为宗,或名为成,或云

---

① 〔梁〕释僧祐撰,苏晋仁、萧鍊子点校:《出三藏记集》卷七,北京:中华书局,1995年,第279页。

② 四念处、四正勤、四神足、五根、五力、七觉支、八正道是佛教徒修解脱道的整个过程。

辨析子注和自注

理也。①

后来，天台智𫖮《法华经玄义》壹下，却释"四悉檀"名略作：

> 悉檀，天竺语……南岳师列"大涅槃"梵汉兼称。悉是此言，檀是梵语，悉之言遍，檀翻为施。佛以四法遍施众生，故言悉檀。②

陈寅恪《大乘义章书后》指出智者的误译，肯定子注的重要性，言悉檀乃梵文 Siddha^nta 之对音，字根是从 Sidh 衍出，檀施之檀，乃 dana 之对应，其字根从语根 da 衍出，二语绝无关涉，只是偶以同字对应。③ 以上所言子注，就是刘宋求那跋陀罗《楞伽阿跋多罗宝经》"无间悉檀"下所加的小注④，是译者自注的注释。悉檀梵文

---

① 〔隋〕释慧远：《大乘义章》卷二，《大正新修大藏经》第 44 册，东京：大藏出版株式会社，1988 年，第 509 页下栏。
② 〔隋〕释智𫖮：《妙法莲华经玄义》卷一，《大正新修大藏经》第 33 册，东京：大藏出版株式会社，1988 年，第 686 页下栏。
③ 陈寅恪：《大乘义章书后》，《金明馆丛稿二编》，北京：生活·读书·新知三联书店，2011 年，第 183 页。
④ 《楞伽阿跋多罗宝经·一切佛语心品》云"言说有间悉檀、无间悉檀"，下注："悉檀者，译义或言宗，或言成，或言默。"求那跋陀罗：《楞伽阿跋多罗宝经》，《大正新修大藏经》第 16 册，东京：大藏出版株式会社，1988 年，第 493 页上栏。

字根 Siddh 的意思是成就，因此悉檀是成就之义，也可引申为佛度众生的方法。

其次，子注包括事数解经，即包括佛教名相（概念）的互相诠释，特别是早期译本涉及的部派佛教论著的各种名相。据《高僧传·晋高邑竺法雅传》云：

> 竺法雅，河间人。凝正有器度，少善外学，长通佛义。衣冠仕子，咸附谘禀。时依雅门徒，并世典有功，未善佛理。雅乃与康法朗等，以经中事数拟配外书。为生解之例。谓之"格义"。乃毗浮、相昙等亦辩"格义"，以训门徒。雅风采洒落，善于枢机，外典、佛经，递互讲说，与道安、法汰每披释凑疑，共尽经要。①

以上"以经中事数拟配外书，为生解之例"数语不容易理解。《世说新语·文学类》云："殷中军被废，徙东阳，大读佛经，皆精解。唯至'事数'处不解。遇见一道人，问所签，便释然。"刘孝标注："事数谓若五阴、十二入、四谛、十二因缘、五根、五力、七觉之

---

① 〔梁〕释慧皎撰，汤用彤校注：《高僧传》卷四，北京：中华书局，1992 年，第 152—153 页。

辨析子注和自注

属。"①"事数"即是佛教基本名相,汤用彤言:

> 法雅之所谓事数,即言佛义之条目名相,其以事数拟比,盖因佛经之组织,常用法数,而自汉以来,讲经多依事数也。《僧传》谓康法朗等以事数与外书拟配,因而生了解,然后逐条著以为例,于讲授时用之训门徒,谓之格义。(参后《蔡元培先生纪念册》,陈寅恪《支愍度学说考》)②

佛教名相多成组出现,其前多冠以"数"字,故称"事数",佛教论著更是以事数来组织。据刘孝标注,当时所言的事数侧重于佛教基本教义和禅法。

再次,子注包括格义解经。以上汤氏释"生解之例"为"因而生了解,著以为例",吕澂从其说③,但陈说却不同。陈寅恪云:

> 所谓"生解"者,六朝经典注疏中有"子注"之名,疑与之有关。盖"生"与"子","解"与"注",皆互训字也。说见戌章今大藏中《四阿鋡暮钞》犹存,事数即在子注中。观其体例,

---

① 〔刘宋〕刘义庆著,〔梁〕刘孝标注,余嘉锡笺疏:《世说新语笺疏》上册,北京:中华书局,1983年,第284页。
② 汤用彤:《汉魏两晋南北朝佛教史》,武汉:武汉大学出版社,2008年,第161页。
③ 吕澂:《中国佛学源流略讲》,北京:中华书局,1979年,第45页。

可取为证。①

以"生解"为"子注",陈氏《论格义》又详解:

> "格义"的比较,是以内典与外书相配拟;"合本"的比较,是以同本异译的经典相参校。二者不同,但形式颇有近似之处。所以说"以经中事数配外书,为生解(子注)之例"。例者,格义的形式如同合本子注之例也。②

陈寅恪明确提出格义与合本子注只是形式相似,实则不同。今学者以为陈氏把格义当作合本子注的一种形式③,不免有所误解。

---

① 陈寅恪:《支愍度学说考》,《金明馆丛稿初编》,北京:生活·读书·新知三联书店,2011年,第169页。
② 陈寅恪:《魏晋南北朝史讲演录》,贵阳:贵州人民出版社,2007年,第53页。
③ 张雪松云:"陈寅恪先生则认为,格义是一种'合本子注'的形式。"张雪松:《梵汉宣讲还是合本子注——东晋竺昙无兰著述及生平事迹蠡测》,中国佛学院普陀山学院编《普陀学刊(第六辑)》,北京:宗教文化出版社,2017年,第168—169页。

格义属于子注,但不属于合本子注。① 比如支遁以般若学注《逍遥游》。

二、子注演变

子注还可以作为书名,指讲经记录。吐鲁番出土文书出现"注子"一词,其64TAM29:44之六《唐咸亨三年新妇为阿公录在生功德疏》:"又已前家中钞写《涅槃经》一部;注子《法华经》一部,注子《金刚般若经》一部;对《法论经》一部,更于后写《法华经》一部,《大般若经》一部十帙十卷。"②"注子"即"子注"异称,南北朝讲佛经之作,多写为"子注"。

下列魏晋南北朝所见子注经,并附经录的相关解题:

---

① 周生杰则认为佛经注释和佛经格义均属于合本子注。周生杰:《合本子注疏论》,《浙江师范大学学报》2006年第2期。哈磊言"陈寅恪先生还把六家七宗之说、合本子注及慧远以庄子之义解释实相的'连类'也作为格义的表现形式"。哈磊:《论"格义佛教"概念之缺陷》,《湖北大学学报》2019年第1期。实际上,陈寅恪《支愍度学说考》论"格义"与"合本"之异同云:"'合本'与'格义'二者皆六朝初年僧徒研究经典之方法。自其形式言之,其所重俱在文句之比较拟配,颇有近似之处,实则性质迥异,不可不辨也。"非常明确地表示二者不同。陈寅恪:《支愍度学说考》,《金明馆丛稿初编》,北京:生活·读书·新知三联书店,2001年,第180页。

② 唐长孺:《吐鲁番出土文书(三)》,北京:文物出版社,1996年,第339页。

表1 魏晋南北朝所见子注经及相关经录解题

子注经	经录解题
康僧会《法镜经解子注》二卷	(僧会)又注《安般守意》《法镜》《道树》三经,并制经序(僧祐《出三藏记集》卷十三《康僧会传》)。
法朗《大般涅槃经子注》七十卷	天监年初,建元寺沙门释法朗注。见《宝唱录》(《历代三宝记》卷十一)。
昙诜《维摩诘子注经》五卷	《维摩诘子注经》五卷,《穷通论》一卷,右二部合六卷。庐山东林寺沙门释昙诜撰。诜即慧远弟子,甚有才学(《历代三宝记》卷七)。诜亦清雅有风则,注《维摩》及著穷通论等(《高僧传》卷六)。
慧基《遗教子注经》一卷	《遗教子注经》一卷,右一部。山阴法华山沙门释慧基述注解(《历代三宝记》卷十一)。
法瑗《胜鬘子注经》三卷	右一部三卷。扬州灵根寺沙门释法瑗述注解(《历代三宝记》卷十一)。
萧衍《大品经子注》五十卷或百卷	右一部。梁武帝注(《法苑珠林》卷一百)。
《摩诃般若波罗蜜子注经》五十卷	以八部般若是十方三世诸佛之母,能消除灾障荡涤烦劳,故采众经穷述注解(《历代三宝记》卷十一)。
《大乘经子注目录》	元魏众经目录,永熙年勒舍人李廓撰。 大乘经目录一,二百一十四部。 大乘论目录二,二十九部。 大乘经子注目录三,一十二部。 大乘未译经论目录四,二十三部(《历代三宝记》卷十五)。

辨析子注和自注

据解题,当多是法师讲经的记录,故以上有三种皆云"述注解",实则就是义疏。① 以上各子注经今不存,但日本还收藏唐写本子注经数种。比如日本奈良东大寺正仓院圣语藏甲种写经有《法华论经子注》二卷;金泽文库也藏该书卷下的一部分,题《妙法莲华经论子注》(简称《子注》)。《子注》是新罗僧人圆弘的著作,是对世亲所撰《妙法莲花经论》的注解。据学者考证,圆弘《子注》书写形式不固定,每半面有二十至二十一字,或八至十行字,正文用粗体字书写,注用正文夹注的形式,即唐代文献中的子注。圆弘当是唐代前期的法相新罗僧人②,而《子注》的分科,也受到吉藏和窥基的影响③,并对《法华经·譬喻品》以下二十六品进行分科:

---

① 牟润孙总结释家讲经与义疏之关系云:"疏虽起缘于讲说,而渐变为人阅读之用,则其重心已由言语而文章矣。"牟润孙:《论儒释两家之讲经与义疏》,《注史斋丛稿》,北京:中华书局,1987年,第260—298页。

② 日本奈良僧人常腾(740—815)已征引其《子注》,护命(750—834)已记录圆弘的著作,在748—767年,《子注》共有15次左右抄写记录,表明圆弘很早就在日本有影响。据其注释,推知圆弘是新罗系的法相唯识学僧。金天鹤:《金沢文库所藏、円弘の〈妙法蓮華経論子注〉について》,《印度学佛教学研究》2012年第六十卷第二号。

③ 比如在《子注》中,将授记分为通记和别记,这一区分在吉藏的《法华义疏》中已有。其次是圆弘对梵本的验证方法,《子注》中有"后中若依梵《嘱累品》放在最后,罗什放在《神力品》后者"。吉藏和窥基都提到罗什将《嘱累品》放在《神力品》后的说法,但吉藏《法华义疏》中有"诸经《嘱累品》多在经末,至如此经安《神力品》后者,依于梵本及《法华论》",可以理解为遵循梵本,但圆弘却以为与梵本相反。金天鹤:《金沢文库所藏、円弘の〈妙法蓮華経論子注〉について》,《印度学佛教学研究》2012年第六十卷第二号。

有八品,约乘平等别说一乘。二《宝塔品》已下有四品,就三平等通说一乘。三《涌出品》已下有五品,约无上义显说一乘。四第《常不轻品》已下有九品,约乘平等更说一乘。①(一二面)

可见子注包含科判(佛经的分科就是科判),而学界一般把科判归为义疏。

因子注可指讲经记录,故学者以为子注即是佛家讲说汇编,是经文与诠释之语混合形式的新文体,对后来儒家义疏学产生巨大影响。② 以子注为新文体值得商榷,但子注还可称"子本",比如隋吉藏《中观论疏》:"注人所以作此问答者凡有三义:一者恐子本不分,后人便谓长偈与长行并是龙树自作,欲令子本分异,故作

---

① 金天鹤:《金沢文库所藏、円弘の〈妙法莲华经论子注〉について》,《印度学佛教学研究》2012年第六十卷第二号。

② 王启涛云:"子母注(子注)往往是佛教的讲说汇编。当初的情形可能是念诵一句经文,便随文讲解一句。后来,听者把这些讲说忠实记录下来,便成了经文与诠释之语混合的形式。在最早期,这可能只是一种不经意的自然做法,后来,逐渐成了一种文体。这种文体不断地扩大使用范围,从原本地道的佛教典籍到中土与佛学有关的僧传、僧史,以及中土与佛有关的传奇作品,都广泛运用了这种夹注于正文的新文体。"王启涛:《魏晋南北朝语言学史论考》,成都:巴蜀书社,2001年,第157页。

此问。"①言《中观论》的长偈是龙树所作,而对偈的注释(长行),则是青目所作。吉藏《十二门论疏》又云:"《十二》云'我愍此等欲令开悟',又云'是故我今解释空',既称为'我',则知是龙树自言。《百论》则修妒路别之,故知则子本为异。而此论不尔。故知是龙树自作。"②即言《十二门论》的偈与长行均是龙树所作,而《百论》的长偈是提婆造,其长行却是天亲菩萨作,二者有别。以上所言子本均是对长偈的注释。长偈注释即是子注,故子注可称"子本",子本则是针对长偈(母本)而言。

儒家义疏亦仿之,皇侃《礼记子本疏义》残卷书名,学者比拟合本子注,以为"经、注为本,疏义为子,分章断句,事类相从",故认为"其名为'子本疏义',盖因其合写经注之故"。③ 或认为郑注牵合三《礼》,类似陈寅恪所言"义同文异"的合本子注,而疏义是

---

① 〔隋〕吉藏疏:《中观论疏》卷三,《大正新修大藏经》第42册,东京:大藏出版株式会社,1988年,第40页下栏。
② 〔隋〕吉藏疏:《十二门论疏》卷一,《大正新修大藏经》第42册,东京:大藏出版株式会社,1988年,第178页上栏。
③ 乔秀岩:《义疏学衰亡史论》,台北:万卷楼图书股份有限公司,2013年,第134页。

针对经本和郑注。① 此二说均未妥,子本是针对母本而言,子本即郑注,而母本则是《礼记》原文,皇疏也非延郑注之义来解经(见下),今日本龙谷大学藏敦煌唐写本陶弘景的《神农本草经集注》可作旁证。写本保存了该书的《叙录》部分,言"右三卷,其中下二卷,药合七百卅种,各别有目录,并朱墨杂书并子注"②,今写本已不见朱墨分书体式。《叙录》所谓的"子注"即正文夹的双行小注。之所以称为"子",也是针对母(经文)而言,而非因字较小才称为"子"。③ 因为子注也可以置于每段经文后,字体与正文相同,比如吉藏上述二疏。因此,即使无皇侃疏,郑注仍可称子注或子本。

---

① 樊波成言郑注牵合三《礼》,近乎陈寅恪所言的"合本子注"。郑注内容厚重烦难,与佛教青目、世亲等所造长行子注相似。皇疏对经本与郑注的解释是对仗工整的"讲疏",更杂以针对经注疑难的"论议",故有"子本疏义"之名。又言皇侃《论语义疏》对何《集》只是间或议论而非逐句解释,并非经、注皆有解释,故而宋元皆称之《论语义疏》。樊波成:《"讲义"与"讲疏"——中古"义疏"的名实与源流》,《史语所集刊》2020年第九十四本第四分。实际上,《礼记子本疏义》重点在解释经文,对郑注的解释反而寥寥无几,而非樊氏所言经注皆逐句解释。这和《论语义疏》体例并无不同,因为《论语义疏》也是重在解释经文。由此反证《礼记子本疏义》也是义疏之体,可简称为《礼记义疏》。

② 赤泽昭:《敦煌本〈本草集注〉解说》,〔日〕上山大峻责任编集《本草集注序录·比丘含注戒本:敦煌写本》,京都:法藏馆,1997年,第220—231页。

③ 陈志远认为所谓"子注",就是指"夹注"或"行间注",因字号比正文小,故而称"子"。陈志远:《"合本子注"再检讨——早期佛典翻译史的独特方法》,中山大学哲学系佛学研究中心《汉语佛学评论(第六辑)》,上海:上海古籍出版社,2018年,第115页。

辨析子注和自注

学者认为是佛经注解的一种体例[①]，然而，子注若作为经书注解的一种体例，为说明其特点，正常情况下，应以格式体例为限。因为如果涉及注解的实质内容，这些内容不可能只出现在注解中，而不见于其他形式的著述，如果以内容为某种注解体例的基本特色，很容易引起混淆。以上所称之"子注"，合本子注与科判属于体例，而梵文注释、事数注经和格义却是内容，后者虽然会出现在注释中，但也可出现在其他体例的撰述中，如论说、序文，特别是事数，更是佛教徒解经常用的表达方式，不可能只见于子注。因此，若把子注定位为一种特殊的注解体例，在逻辑上会遇到困难。此外，佛经注释比较常用的名称是"注""疏""义疏"。那么，除了"合本子注"外，上述的子注的特点也是其他注释体例的特色，如此，则子注的特点就不是其特点。因为子注之名出现虽然早，但与其他注释的名称和体例在大多数情况是同时并存的关系，并无承袭的关系，即子注流衍为其他体例，何况子注还可包括义疏。

陈志远指出，子注最早见于北魏菩提流支所译《入楞伽经·总品》偈颂："话笑本如是，长行及子注。子注复重作，种种说无

[①] 吴晶言："佛经注疏名称繁多，如注、疏、注解、义疏、论疏、会释、义记、义述等，子注亦是其中之一。"吴晶：《陈寅恪"合本子注"说新探》，《浙江社会科学》2008年第12期。

量。"①刘宋求那跋陀罗译本无对应文句,唐实叉难陀译本作"谈论戏笑法,长行与解释。我闻如是等,迷惑于世间"②。黄宝生据梵本译作"传说和史诗等等,散文、经疏和注释"③。陈志远认为子注当是解释的同义词。④ 但子注对应梵本 varttika 一词,varttika 是解释句子和段落,与之近义的是 vrtti 和 bhasya,vrtti 是单字或单词解释,而 bhasya 则是改写整段文字使之易懂。梵文每个字即是"音",音称为"名",但名并不皆有意义,合几个名称作"句",合几个句称作"文",梵文的名对应中文的字或词。佛经子注解释梵文的名和句,确切对应的是 vrtti。将 varttika 释为子注,则表示诠释整段,是子注原义的扩大。中古佛经还有子句、子段之称,子则是派生之义。在一段中,分成几个句子,称为"子句";在一篇文章中,分成几个段落,就称为"子段",故"子"的含义宽泛。今将 varttika 译作"子注",取泛称,即注解之义,故黄宝生译作"经疏和注释"。

---

① 〔古印度〕菩提流支译:《入楞伽经》卷十,《大正新修大藏经》第16册,东京:大藏出版株式会社,1988年,第584页上栏。
② 实叉难陀译:《大乘入楞伽经》卷七,《大正新修大藏经》第16册,东京:大藏出版株式会社,1988年,第638页中栏。
③ 黄宝生译注:《梵汉对勘入楞严经》,北京:中国社会科学出版社,2011年,第737页。
④ 陈志远:《"合本子注"再检讨——早期佛典翻译史的独特方法》,中山大学哲学系佛学研究中心《汉语佛学评论(第六辑)》,上海:上海古籍出版社,2018年,第114页。

因此,子注可作汉地佛教注释体例的通名。

三、子注和自注的不同

子注与自注形式相同:常夹注于正文。但子注并非被史书自注吸收[1],自注也并非源自子注[2],实则自注渊源有自。

学者对于自注之始有不同看法,何琇《樵香杂记》卷下云:"自注始于王逸,戴凯之《竹谱》、谢灵运《山居赋》用其例;《汉书·艺文志》亦自注,然非发明文义,故不以托始。"[3]实际上,秦汉古书多有此类"发明文义"的自注,杨树达《文中自注例》云:"古人行文,中有自注,不善读书者,疑其文气不贯,而实非也。"并举《史记》《汉书》十一例,以及《盐铁论》一例为证,比如《史记·田叔传》叙田仁事云:"月余,上迁拜为司直,数岁,坐太子事,时左丞相自将兵,令司直田仁主闭守城门,坐纵太子,下吏诛死。"[4]杨氏以为"时左丞相"三句乃注文,以为此处必有标乙号,后人转写遂

---

[1] 赵宏祥:《自注与子注——兼论六朝赋的自注》,《文学遗产》2016年第2期。
[2] 王启涛云:"自注与子注有紧密的关系,自注实际上就是由子注发展而来的。"王启涛:《魏晋南北朝语言学史论考》,成都:巴蜀书社,2001年,第169页。
[3] 〔清〕何琇:《樵香小记》,北京:中华书局,1985年,第30页。
[4] 〔汉〕司马迁:《史记》,中华书局,1959年,第2778页。

脱。①自注未必有标乙号,当是以双行小字注之,后人误刻入正文之故,此类是自注训解正文之例。

《汉书·艺文志》书目小注凡三类:一为未冠注者姓名者,二为冠有注者姓名者,三为冠有"师古曰"。第三类是颜师古注,第二类是颜师古录前人注,而第一类学者以为就是班固的自注。②顾炎武《日知录》卷二十六"《汉书》二《志》小字"条云:"《汉书·地理》《艺文》二志,小字皆孟坚本文;其'师古曰''应劭曰''服虔曰'之类,乃颜氏注也。近本《汉书》不刻注者,误以为颜氏注而并删之。"③清刘光蕡《前汉书艺文志注》则于班氏注文前加"原注"以明之④,此类是自注补证正文之例。

章学诚云:"史家自注之例,或谓始于班氏诸志,其实史迁诸表已有子注矣。表志中有名数,不系属辞,故大书分注,其道易

---

① 杨树达:《古书疑义举例续补》卷二,〔清〕俞樾等:《古书疑义举例》,北京:中华书局,1956年,第214—216页。
② 张以仁:《春秋史论集》,台北:联经出版社,1990年,第98页。
③ 〔清〕顾炎武著,黄汝成集释,栾保群、吕宗力校点:《日知录集释》,上海:上海古籍出版社,2006年,第1439页。
④ 〔清〕刘光蕡:《前汉书艺文志注》,《二十五史艺文经籍志考补萃编》第五卷,北京:清华大学出版社,2012年,第3—49页。

行。"①吕思勉也云:"世多谓自注始于《汉志》。其实凡古书皆有之,特其别未泯者,惟《汉志》耳。"②又举《史记·李将军列传》《礼记·檀弓》《淮南子·精神训》各一例为证,因此,秦汉古书已有自注之例。

至于赋的自注起于何时?学者多以为始自谢灵运的《山居赋》③,前人以为东汉王逸、张衡和左思诸赋已有自注,但张衡《思玄赋》和左思诸赋,李善和严可均已举证非自注④,而王逸《九思》自注,洪兴祖疑为其子延寿所作,故钱锺书以为谢灵运自为创

---

① 〔清〕章学诚著,仓修良主编:《文史通义新编新注》,杭州:浙江古籍出版社,2005年,第426页。赵宏祥认为章氏"这里将自注(内容)混同于子注(形式),显然不能合乎自注发展的轨迹"。赵宏祥:《自注与子注——兼论六朝赋的自注》,《文学遗产》2016年第2期。实际上,这是章氏以子注代替自注,而不是如赵氏所言自注源于子注。

② 吕思勉:《章句论》,《文字学四种》,上海:上海教育出版社,1985年,第18页。

③ 浦铣云:"赋之自注者,唯宋谢康乐(谢灵运)《山居》一首。"〔清〕浦铣:《历代赋话校证附复小斋赋话》,上海:上海古籍出版社,2007年,第402页。王芑孙云:"古赋不注,世传张平子自注《思玄赋》,李善已辨之,盖两汉魏晋四朝皆无自注之例,赋之自注者,始于宋谢灵运《山居赋》。"〔清〕王芑孙:《读赋卮言》,《清代诗文集汇编》第442册,上海:上海古籍出版社,2010年,第691页。

④ 李善于《思玄赋》"旧注"曰:"未详注者姓名,挚虞《流别》题云衡注,详其义训,甚多疏略,而注又称'愚以为',疑非衡明矣。"〔梁〕萧统编,〔唐〕李善注:《文选》卷十五,北京:中华书局,1977年,第212页。严可均于《左思别传》条下注反驳左思自注之说。〔清〕严可均校辑:《全上古三代秦汉三国六朝文》卷一百四十六,北京:中华书局,1958年,第2302页。

举①。其实,北魏张渊《观象赋》和东晋戴凯之《竹谱》皆有自注,陈寿《三国志》载杨戏《季汉辅臣赞》,而后又加自注②,也在灵运之前。故谢灵运不当为赋注之始。③

此外,洪兴祖以为王逸《九思》非自注,并无明证。四库馆臣就不以为然,以为王逸承《汉书》自注之例。④ 俞樾举例《九思》"思丁、文兮圣明哲"注:"丁者,武丁也;文者,文王也。"以为"文义甚明,而注者乃不知丁为武丁",故非王逸自注。⑤ 然而,谢灵运《山居赋》也多此类注,钱锺书特举意甚显豁而加注、典故寻常而加注诸例,讥之"不须注而加注,是赘缀也"⑥。可见俞樾所驳未为确证。

不过,谢灵运《山居赋》可谓赋注之典范,比如王逸《九思》自注侧重于义训,颜之推《观我生赋》自注专释本事,而谢灵运《山居

---

① 钱锺书:《管锥编》,北京:生活·读书·新知三联书店,2001年,第2016页。
② 陈寿于《杨戏传》云:"其戏之所赞而今不作传者,余皆注疏本末于其辞下,可以粗知其仿佛云尔。"〔晋〕陈寿:《三国志》卷四十五,北京:中华书局,1959年,第1078页。
③ 俞樾则引顾炎武《日知录》之说,以《汉书》为自注之始,以为"谢灵运《山居赋》自为之注,则诗赋家体例"。〔清〕俞樾:《九九销夏录》,北京:中华书局,1995年,第44页。
④ 〔清〕永瑢等:《四库全书总目》卷一百四十八,北京:中华书局,1965年,第1267页。
⑤ 〔清〕俞樾:《读楚辞》,《俞楼杂纂》,《春在堂全书》卷二十四,南京:凤凰出版社,2010年,第559页。
⑥ 钱锺书:《管锥编》,北京:生活·读书·新知三联书店,2001年,第2015页。

辨析子注和自注

赋》自注则兼有义训、本事、申意,更兼采合本子注的体例。钱锺书未解其例,故称颜赋"谨严堪式",而谢赋则"泛施寡要",举《山居赋·序》"意实言表,而书不尽,遗迹索意,托之有赏",《赋》结句"权近虑以停笔,抑浅知而绝简"和其注"故停笔绝简,不复多云,冀夫赏音悟夫此旨也"之例,以为三者语义重复。① 故以为此类自注是"画蛇添足"。

实际上,这当是采用佛教狭义的合本子注体例。因狭义合本子注原是取异译同本作子注而来,故子注不惮重复,且多能独立成篇。谢氏自注与前代赋注相比,不同之处就在于:一是注文的篇幅加长,字数多超过正文。二是注文不限于释句,常复述正文之意。② 三是注文也包含独立成篇的叙事或抒情的小品文。③

子注和自注除了渊源不同外,内容上也有不同:1. 子注重在诠释"事数",而自注则重在义训。2. 子注重佛陀及其弟子本事,

---

① 钱锺书:《管锥编》,北京:生活·读书·新知三联书店,2001年,第2016—2017页。

② 比如《山居赋》"谢子卧疾山顶"至"听鹤之途何由哉",谢注"理以相得为适,古人遗书与其意合,所以为笑"云云,详见张兆勇笺释:《谢灵运集笺释》,北京:中国社会科学出版社,2017年,第97—98页。另见谢灵运《山居赋》,〔清〕严可均校辑:《全上古三代秦汉三国六朝文》卷三十一,北京:中华书局,1958年,第2604页。

③ 比如《山居赋》"昔仲长愿言,流水高山"至"亦何议于兼求",谢注"仲长子云,欲使居有良田广宅"云云,张兆勇笺释:《谢灵运集笺释》,北京:中国社会科学出版社,2017年,第98—99页。〔清〕严可均校辑:《全上古三代秦汉三国六朝文》卷三十一,北京:中华书局,1958年,第2604页。

常引神话物语①,而自注重本事和当时的史实。但二者也有相同之处:1. 均有注音和释词,重视正文之义。2. 子注也可能是自注,比如龙树《十二门论》自作偈颂和子注,子注就是自注。

唐代以后,中土佛教经论不再以子注命名,多用注或疏代之。但这种用法却保留在日本佛教的撰述中,据《大正藏·续藏经》录南宋以后日僧快道所撰《阿毗达摩俱舍论法义》卷八云:

一善住法堂天,二住峰天,三住山顶天,四善见城天,五钵私陀天,六善俱咤天,子注云:"俱咤者山谷也。"七杂殿天,八住欢喜园天。②

小字注引自北魏般若流支译《正法念处经》"俱咤天"下译者小注。又日僧湛慧《阿毗达摩俱舍论指要钞》卷一"若唯无记,无色无学,异熟生心不现在前,不成就故应名为佛。以此而言,故亦通善",湛慧注:

---

① 陈寅恪言:"天竺佛藏,其论藏别为一类外,如譬喻之经,诸宗之律,虽广引圣凡行事,以证释佛说,然其文大抵为神话物语,与此土诘经之法大异。"更引《贤愚因缘经》为证。《贤愚因缘经》是佛教"因缘故事集",陈寅恪言此经"所载悉为神话物语",高昌壁画、敦煌变文,往往取之为证。陈寅恪:《杨树达论语疏证序》,《金明馆丛稿二编》,北京:生活·读书·新知三联书店,2011年,第263页。

② 〔日〕快道撰:《阿毗达摩俱舍论法义》卷八,《大正新修大藏经》第64册,东京:大藏出版株式会社,1988年,第136页中栏。

《颂疏》冠注云"若通于善,无色无学,异熟生善心恒现在故,恒成就不染无知故,可不名佛"等者,此等子注皆非光意。①

唐代普光《俱舍论记》,是《俱舍论》的注解,其后,遁麟《俱舍论颂疏记》又对普光注作再注解,湛慧也称为"子注",此在中土则称为"疏"。又湛慧《成唯识论述记集成编》卷一云:"上卷事钞题'子注'云,作者非无标名显别。"②则将所集各家注解当作子注。此在中土则称为"集解"。

日僧湛睿《华严演义钞纂释》卷三十五云:

> 钞注云"因其所大问",今云注者,何注乎?答:"魏王弼注也,其故者,前汉河上公加注释,来至于唐朝,总有六十二家之子注。"③

---

① 〔日〕湛慧撰:《阿毗达摩俱舍论指要钞》卷一,《大正新修大藏经》第63册,东京:大藏出版株式会社,1988年,第819页上栏。
② 〔日〕湛慧撰:《成唯识论述记集成编》卷一,《大正新修大藏经》第67册,东京:大藏出版株式会社,1988年,第5页中栏。
③ 〔日〕湛睿撰:《华严演义钞纂释》卷三十五,《大正新修大藏经》第57册,东京:大藏出版株式会社,1988年,第343页下栏。

更将道家《老子》经注也称"子注",而中土则习称"章句"。① 此是日僧对子注含义的引申,因为在南宋中土的佛典中,已不再将内典(佛经)的注解称为"子注",何况外典。湛睿(1271—1346)是宋末元初日僧,湛慧也是南宋日僧,快道生卒年未详,《续藏经》将其书编于湛慧之后,或卒于南宋后。今学者引以上日僧著述来说明唐后中土佛典的子注还泛指古书注释,并不妥当。②

清人把史书自注和他注,乃至古书注解都称作"子注",不详是否受日僧经注的影响,但也并非误用,因为子注本就是泛称。比如章学诚言:"太史《自叙》之作,其自注之权舆乎。"但叶瑛引章氏《史篇别录叙例》"史家自注之例,或谓始于班氏诸志,其实史迁诸表已有子注矣"(刘刻《遗书》卷七),以为"《太史公自序》末述各篇作意,应是正文,不同于自注,至《三代世表》列各帝名后加注,则可称子注",叶说是矣。以上是章氏以自注为子注之例。

---

① 〔隋〕陆德明撰,张一弓点校:《经典释文·序录》,上海:上海古籍出版社,2012年,第21页。

② 吴晶引此日僧撰述仅出其书略作者的姓名和国籍,而樊波成也将湛慧当成中土僧人,二者引日僧之书来论证中土佛典一直保存"子注"之说,"子注"是一般古书注解的通称,尤为不妥。《大正藏》续编的45册中,第56册至第84册是日本历代僧俗的经论注释,皆是日人著述,可据此研究日本佛教思想史,研究中土佛典则不必涉及,以上快道书在第64册,湛慧书在第63册和第67册,湛睿之书则在第57册。吴晶:《陈寅恪"合本子注"说新探》,《浙江社会科学》2008年第12期。樊波成:《"讲义"与"讲疏"——中古"义疏"的名实与源流》,《史语所集刊》2020年第九十四本第四分。

辨析子注和自注

　　章氏又云："至席惠明注《秦记》,刘孝标注《世说新语》,则杂史支流,犹有子注。"据《隋书·经籍志》言《秦记》是霸史类,宋裴景仁撰;《世说新语》是小说类,梁刘孝标撰。二者皆非自注,是章氏以古书的注解当作子注之例。①

　　俞樾以为《史通·补注》以萧大图《淮海乱离志》和羊衒之《洛阳伽蓝记》为自注之始有误,但"二书谓之子注,今著书家皆循用之,而子注之名则知者鲜矣"。俞樾又云:"《日知录》云:'《汉书·地理》《艺文》二志,小字皆孟坚本文,其师古曰、应劭曰、服虔曰之类,乃颜氏注也。'然则子注之由来久矣,不始于萧羊两家。"也是将史书的他人注解当作子注。② 据此可知清儒常称自注为子注,以致今学者以为自注就是子注③。

四、结　语

　　子注是汉地佛教注解体例的通名。合本子注只是子注的一种,子注的形式还可包括注解的其他体例,比如序、义疏、论等,内

---

　　① 〔清〕章学诚撰,叶瑛校注:《文史通义校注》,北京:中华书局,1985年,第238、243—244页。
　　② 〔清〕俞樾:《九九销夏录》,北京:中华书局,1995年,第44页。
　　③ 《中国历史文献学》云:"子注,亦称自注,是魏晋南北朝出现的一种新的注释形式。"曾贻芬、崔文印:《中国历史文献学》,北京:学苑出版社,2001年,第139页。

容上包括梵文注释、事数、格义和神话物语。子注作为书名,则指佛经讲说汇编。佛教义疏可称"子注",子注又可称"子本",儒家义疏称作"子本"亦仿之。自注渊源有自,自注和子注有同有异,并非子注为自注吸收。谢灵运《山居赋》并非赋注之始,其作为赋注典范,是因兼采合本子注体例。唐代以后,中土佛教经论以注或疏代替子注之名,但在日僧的撰述中,却以子注泛指古书的注解。因子注可作为泛称,清儒并非误用。

现存《仪礼要义》珍本题跋辑释

魏了翁(1178—1237),字华父,号鹤山,南宋邛州蒲江人(今属四川)。少长颖悟绝出,日诵千余言,且过目不再览,乡里称为"神童"。庆元五年,登进士第。丁父忧解官,筑室白鹤山下,开门授徒,士争负笈从之,学者称其鹤山先生。后以资政殿大学士,通奉大夫致仕。卒赠太师,谥"文靖"。曾在靖州居住,湖、湘、江、浙之士,不远千里负书从学,乃著《九经要义》百卷,订定精密,先儒所未有。其经史著述甚多,所著有《鹤山集》《九经要义》《周易集义》《易举隅》《周礼井田图说》《古今考》《经史杂钞》《师友雅言》。具体见《宋史·魏了翁传》。①

《仪礼要义》的辑刊过程,据方回跋魏氏《周易集义》言:

> 金书枢密院事魏文靖公鹤山先生了翁华父,前乙酉岁以权工部侍郎,坐言事忤时相,谪靖州,取诸经注疏,摘为《要

---

① 〔元〕脱脱等:《宋史》第37册,北京:中华书局,1977年,第12965—12971页。

义》,又取濂、洛以来诸大儒《易》说,为《周易集义》六十四卷。仲子太府卿静斋先生克愚明己,壬子岁以军器监丞出知徽州,刊《要》《集义》,置于紫阳书院。至丙子岁,书院以兵兴废,书版尽毁。寻草创新书院于城南门内,独《集义》仅有存者。①

方氏所言《要义》,即指《九经要义》,《仪礼要义》属其中一种。《九经要义》,魏氏生前并未付梓,后由其子魏克愚在徽州刊刻。"壬子岁……刊……"即理宗淳祐十二年(1252)刊成,但"至丙子岁",即端宗景炎元年(1276),元兵南下,遂罹兵燹,仅存《周易集义》。《仪礼要义》刊行仅二十四年,故世罕传。

《仪礼要义》宋刊本的流传,亦经一段波折。清乌程严元照,字久能②,好收宋版书,杭州汪氏藏有《仪礼要义》宋椠本二十册,索值五百金,元照爱其,必欲得之,后以廿六万钱议定。严氏因无从得钱,乃尽卖家中藏书,得钱畀之,书癖之名,遂播一时。此事原委,详见下文所录题跋。严元照得此宋本,便影写多本流播士林,学者渐知《仪礼要义》校勘之善,如顾广圻借其影宋本校单疏

---

① 〔清〕朱彝尊撰,林庆彰等主编:《经义考新校》,上海:上海古籍出版社,2010年,第580页。

② 久能,一作"九能",为方便读者阅读,避免产生混淆,本篇下录引文及正文用字已全部统一为"久能"。

本，以补单疏本卷卅七后所缺六卷。学者又辗转传录题跋，现尚有多种抄本存世。因宋刊《仪礼要义》具有重要文献价值，《中国古籍善本书目》即收录七种传抄本，且为各馆所藏珍。

严元照所得宋刊本今藏台北故宫博物院，又北京国家图书馆藏有一本莫友芝题跋的宋刊本，二者现已影印刊行，但各大图书馆所藏诸抄本尚未梳理。本文辑释各馆所藏抄本的题识，考索其流传递藏始末，揭示抄本的源流和价值，以供学者研讨。

一、《仪礼要义》五十卷，宋魏了翁撰，清抄本，顾广圻校并跋，十册，国家图书馆藏，书号：3360。每半页九行，行十八字。藏印：顾涧薲藏书，顾印广圻，铁琴铜剑楼，瞿氏鉴藏金石记。书内有标签："《仪礼要义》，旧钞顾校，十本"，上钤"瞿氏鉴藏金石记"白文印。

顾氏既录文本异同，又据单疏本校此书，录校记于各页下端。顾氏校勘细审，如《要义》卷二十四"九士介直言具棺自以时服敛"条，该条文"其士介从者，自用时服敛之"后有"君不吊焉"。顾氏于此四字，尖角标出，其下言"此是经，因单疏连而误"。严元照言顾氏借《要义》抄本三年未归，足见顾氏校此书用时之长。

该书各卷末有顾氏题记，其后还有顾氏一跋文："右借归安严久能手钞本写，宋椠即严所藏，壬戌六月曾携至西湖相示，予为作两跋也。文烦不具录。甲子五月顾广圻记。"此两跋文，详见以下南京图书馆严手抄宋本之跋文二。至于各卷末的题记，亦著录

177

如下：

卷五后：丙子六月再读，广圻记。

卷十九后：丙寅二月重勘，起此卷，时在江宁郡斋，廿六日记。

卷廿四后：江宁寓馆镫下校，涧蘋记。卷廿六上：单疏通为一卷。

卷卅四后：右三卷，赖以正今本注疏之误者特多，以下三卷差少。于此益惜单疏本之不完也。江宁寓中镫下读并记，涧蘋居士。

卷卅七后：自卅二卷以下，单疏阙六卷。使无《要义》，并厓略亦不得知矣。此书之可宝在是也。涧蘋漫记。卅日覆校。

卷卅八后：五月十一日，江宁寓馆续校，起此卷。时新合刻注疏始成《乡射》《大射》二篇。

卷五十后：丙寅六月用单疏本互勘一过，涧蘋。①

瞿镛撰《铁琴铜剑楼藏书目录》卷四录此书云：

---

① 以上题记，王欣夫有辑出，详见〔清〕顾广圻著，王欣夫辑，黄明标点：《思适斋书跋》，上海：上海古籍出版社，2007年，第5页。

《仪礼要义》五十卷,影钞宋本。宋魏了翁撰。卷第悉依贾疏原本,今传景德单疏本已多阙佚,分卷几不可知,核此书犹可考见。其中文与今通行注疏本异者,每与单疏本同。是书传本亦稀,《经义考》注未见,惟云《聚乐堂艺文目》有之。此从归安严氏元照藏宋本影写。元和顾氏广圻以单疏本校过。后有涧翁朱笔跋。卷首末有"顾印广圻","顾涧薲藏书"二朱记。①

二、《仪礼要义》五十卷,宋魏了翁撰,清嘉庆十一年张敦仁抄本,张敦仁校并录严元照、顾广圻题识,十册,国家图书馆藏,书号:909。每半页九行,行十八字。书口上端有记《仪礼要义》各卷卷数,文本异文著录于天头处。藏印:东郡杨氏海源阁藏,阳城张氏省训堂经籍记,张敦仁读过,杨二,臣和,彦合,宋存书室,关西节度系关西,杨以增字益之、又字至堂、晚号冬樵行一,文章太守。

其后有张氏过录严元照的跋文言"去岁孟冬予游武林,得宋魏秦公《仪礼要义》宋刊本子"云云,详见下文上海图书馆藏严元照抄本第七条跋文。其后又有张氏自跋一则云:

---

① 〔清〕瞿镛:《铁琴铜剑楼藏书目录》,《续修四库全书》第926册,影印清光绪常熟瞿氏家塾刻本,上海:上海古籍出版社,1995年,第93页。

>吴兴严久能所钞《仪礼要义》,嘉庆丙寅顾千里携来江宁,亟命胥照录一本,时余方刊《仪礼注疏》,借以补宋景德单疏《丧服传》内缺卷,真快事也。七月朔日依元本校毕谨识。

后有白文印"臣敦仁"。

其后复录顾氏题记:"丙寅六月用单本疏互勘一过,涧蘋。"(卷五十末)

据此知张敦仁过录顾千里的校记,所录校记与国图所藏顾广圻校本同,张氏并未再校。今《中国古籍善本书录》及国图著录此本作"张敦仁校"[①],显误,实是张氏过录顾广圻校本。顾氏于诸卷末的题记,比如以上卷五十末的题记,张氏亦照录不误。

张敦仁所刊《仪礼注疏》,莫有芝《邵亭知见传本书目·仪礼注疏》第十七卷该条下有注:

>嘉庆丙寅,张敦仁刊《仪礼注疏》五十卷,以宋严州本经注及景德单疏合编。顾广圻为之校补,缺疏之六卷,多依魏鹤山《要义》。又通覆校,最为善本,惜流传不多,欲重刊此经

---

① 《中国古籍善本书目》编辑委员会编:《中国古籍善本书目》,上海:上海古籍出版社,1989年,第184页。

注疏,当用此本。①

张氏刊本吸纳顾校精华,而顾氏校记据严氏所藏宋刊本。张氏刊本集宋刻单疏本及宋本《要义》之善,故莫有芝甚重之,且推之学林。

三、《仪礼要义》五十卷,宋魏了翁撰,严久能清乾隆五十七年抄本,十册,上海图书馆藏,索书号:787187-96。每半页九行,行十八字。批注者:清卢文弨校,清徐养源校,清顾广圻校。题跋者:清严元照跋,莫棠跋,王秉思跋,胡嗣芬跋。藏印:元照之印,香修,文弨借观,广圻审定,独山莫氏铜井山房所藏书记,莫棠之印,楚生,德辉。附注:叶德辉、陈祺寿跋。

卷首扉页有题:《严久能钞仪礼要义》(朱笔)。其后有行草跋文数种:

(1)乾隆中归安严久能元照以二十六万钱得宋椠《仪礼要义》于杭州汪氏,至今藏书家道之,其书后以朱提三百归阮文达进之天府。曾见仁和劳格手批《简明目录》所记如此。同治初世父邵亭征君见上海有郁氏宜稼堂《毛诗》《礼记》诸《要义》,皆宋刊。而《仪礼》阙首六卷,悉入丰顺丁禹生中丞家。

---

① 〔清〕莫友芝撰,傅增湘订补,傅熹年整理:《藏园订补郘亭知见传本书目》第1册,北京:中华书局,1993年,第42页。

近岁中丞之书亦求售于江南，宜当在焉。此《仪礼要义》宋本之存，一则不在人间，一则已成断璧矣。久能既收是书，手写两本，劳氏批《简目》亦云尔。一本不知所在，跋见《悔庵集》，久能著。一即此也。自出吴江故家，首尾及五卷末均有题识。昔思适居士顾先生千里为张古余太守合刻注疏，即假此写本据补景德疏本三十二卷至三十七卷之阙。久能所谓千里叹为天地间第一等至宝。向借摹一部，三年而后归者是也。今顾本在常熟瞿氏，见《铁琴铜剑楼书目》。张本在聊城杨氏，见《楹书偶录》，自系千里同时为古余写者。皆以其时传录。意凡近世所传，殆无不由之而出，而此本实宋本以下之祖祢，况为久能手写，又经抱经、千里、古余诸老校读。杨绍和编修目所藏之张本为经笥秘宝，惟此真足以当之，而若张、若顾者，抑其亚也。忆辛丑岁遵义唐鄂生中丞炯自蜀入觐道沪，以厚价收《毛诗》《尚书》两《要义》钞本于桐城萧敬孚，请先君为之付刊，甲申《毛诗》成而中丞以边事就逮，时苏州官书局方谋梓鹤山诸经。中江李眉生年丈鸿裔来假《尚书》以去。今居中凡成《易》《诗》《书》《仪礼》《礼记》五者，而《仪礼》不得此真本据校，惜哉！二十八卷至三十卷有别纸写校异同，疑张刻注疏时所为，不辨谁手，而朱笔则千翁所订正，附存逐卷册首，使来者并览焉。光绪庚子二月既望独山莫棠。白文印：莫棠之印；朱文印：楚生。

现存《仪礼要义》珍本题跋辑释

笔者按:莫棠《铜井文房书跋》录有两跋文:其一"乾隆中归安严久能元照以二十六万钱得宋椠《仪礼要义》于杭州汪氏,至今藏书家道之"云云,已见录于上,其后所录另一跋文云:

> 此本予得于吴,趣记诸卷首,今十二年。自壬寅过岭,遂与相远。宣统庚戌,家兄属客为致广州寓斋,明年予有琼州之行,因留华阳王雪澄廉使斋中,顷遣力渡海将还,每一展诵,书味宛然。惟家兄依守铜井,予则远梗炎郡,忆当日兄弟聚处得秘籍、古碑,对床赏析之乐,邈然不知何时更能接续,矧时危道丧,经师之绪垂绝如缒,令人慨叹闵怀者,又不仅一身离合之迹矣。久能名印下有张氏香修、秋月诸印,盖其爱妾也。予昔见所藏他书及他写本往往有之。予获此书之日,祥符周季贶先生、吴县曹君直孝廉咸假读署首。周先生旋即物化,君直今在京师礼学馆,皆多闻良友,不可忘也。辛亥季夏闰月既望莫棠再书于琼台。
>
> 久能以乾隆辛亥得宋椠,壬子写此本,今予以宣统辛亥题记,盖历七朝再周甲子矣。①

---

① 〔清〕莫棠撰,陈乃乾辑:《铜井文房书跋》,《国家图书馆藏古籍题跋丛刊》第26册,北京:北京图书馆出版社,2002年,第359—363页。

阮元《文选楼藏书记》云:"《仪礼要义》五十卷,宋巡抚使魏了翁著,浦江人,钞本。是书以经释经,阐明注疏之义。"①又据清丁日昌《(丰顺丁氏)持静斋宋元校钞各本书目》云:"《仪礼要义》五十卷,宋刻本,汪士钟旧藏,又藏嘉定钱氏仪征。阮氏多方购求而不得者,即此本也。"②则阮氏所购为抄本,非严氏所藏宋刻原本也,以上莫棠言阮元得宋本之说不确。另据丁氏跋文,则郁氏宜家堂所藏宋本,也经丁日昌之手。

(2) 宣统己未闰七月既望,开州后学胡嗣瑗观。光绪壬寅清明日祥符后生周星诒谨观。同日吴县后学曹元忠谨观。

(3) 承假严钞《仪礼要义》,因循玩愒五年于兹,始克竣事,殊可哂也。此书之可宝重,尊跋已详,不赘。今按各书目,严钞殆不止三部。瞿、杨及臧外,阮文达《校勘记》所引钞本《要义》,一也。阮文与此本校其中互异者少,合者十之八九,然非一本。杭州《丁氏善本书室》所藏残本十二卷,二也。丁书有卢召弓、顾千里、徐养原跋,详跋校读尤多,阮校《仪礼》即为汪

---

① 〔清〕阮元:《文选楼藏书记》卷五,上海:上海古籍出版社,2009年,第381页。
② 〔清〕江标编,丁日昌撰:《(丰顺丁氏)持静斋宋元校钞本书目》卷一,清光绪二十一年江标刻本,贾贵荣、王冠辑:《宋元版书目题跋辑刊》第2册,北京:北京图书馆出版社,2003年,第54页。

校,久能亦有跋及月修名字印,现存《江南图书馆目》有。合计凡有五本,苏局刻本中有缺叶,且字句与此本不同甚多,殆尊跋所谓由此本传钞不一二者。除外,此"爱日精庐""皕宋楼"、杭丁氏均有旧钞本,丁氏著明景宋钞。均见各书目。

公言盖信杨本严跋所记月日与此本同,惟廿七日,杨本作二十七日,元照应下无"书"字,魏秦公"秦"字缺,"燠"误"懊",与此本稍异。盖杨本乃顾传钞并非严钞原本。又严《跋》云繁琐尚有一本,是何钞本亦未注明。黄刊经注,汪刊单疏,详校此本,脱漏多,讹误少,又借以补局刻之阙叶,云可感慰至爱悯。丁氏宋本,闻归张氏涵芬楼,倘得借校补缀完善,非至快欤。承校脱漏,别纸夹诸册中,藉祈教益,兹不具画,丁巳八月十四日,楚生亲家有遵鉴秉思白。

(4)《严久能先生手钞仪礼要义跋》:

宋魏鹤山先生以诸经疏文繁重,择其要者存之为《要义》,凡《易》、《书》、《诗》、三《礼》、《春秋》、《论》、《孟》九经,今存者,《易》《书》《诗》《仪礼》《礼记》五经,而《四库》著录者,仅《易》《书》《仪礼》三经,盖《诗》与《礼记》,此时犹未出也。后江苏书局得此五经,全刻之而颇多讹夺。《仪礼疏》在五经中尤为难读,故《校勘》亦难其人。自明北监、南监、汲

古阁诸本皆以讹传讹，莫能订正，幸有宋严州单注本、景德单疏本至今尚存。而景德本缺三十二至三十七六卷，又幸有此《要义》足以补其佚亡，嘉庆丙寅张古余先生合单注单疏，属顾千里为之校刻注疏，其缺卷即据此缀补，后十年丙子阮文达刻《十三经》，其《仪礼》亦用单注、单疏及此《要义》。是此书之存于今日，诚斯文一发千钧之所系矣。久能先生得宋本后手钞副本二：其一归杭州丁氏善本书室，今归江南图书馆，然已残缺。其一即此本，久在吾友莫楚生观察。插架手跋者，再考索钞本原委甚详，余不必为之赘论。惟念名贤手迹，流传百余年之久，而卷帙完好如新，此真在处疑有鬼神呵护者。卷首经当时名人借观、借钞，朱记累累，踪迹一一可按。张古余、卢抱经、顾千里三先生俱有钤印，知张刻《注疏》，卢撰《仪礼注疏详校》，皆曾据此本也。久能先生诚此经之功臣哉！辛酉嘉平望日后学叶德辉跋。①

---

① 叶德辉《书林清话》有言："严久能元照《悔庵集·书手录〈仪礼要义〉宋本后》略云：'此书载于《聚乐堂书目》，朱锡鬯所未见者。予财弱冠，好宋刻书。杭州汪氏藏宋刻本二十册，索值五百金，予必欲得之。求之急，议价二十六万钱。议既定，顾无以得如干钱，乃尽卖家所有书，得钱畀之。年来资用日绌，度此书不能长为吾有，又写此本校而藏之。'此乾嘉时书价见于记录之可考者也。"〔清〕叶德辉：《书林清话》，北京：中华书局，1957年，第170页。

其后又有小字题记：

御名不取《六经》，有祖训在故，余刻书于《仪礼》字不避缺，他处则否。尝经当时进拟御名之人，何其不学如此也。

(5)跋文：

岁乙丑春，楚生先生出视此帙，属为题记，检其二十八卷至三十七卷，以别纸校勘，而未注姓名。按卷三十五别纸校勘有云"大贝壮贝之等"，"壮"改"牡"，千翁朱笔云：此校《汉书》，宋是今非，徐可谓误矣。千翁所谓徐者，以久能知旧考之，盖徐新田（养原）也。钱塘丁氏亦藏严写残本，末有卢文弨跋，徐养原跋并校语，则徐校严书确有明证，兹存数纸，安知非丁藏所遗乎。徐氏德清著姓，新田受知阮文达，肄业诂经精舍，著有《周官故书考》四卷、《仪礼今古文异同疏》五卷、《论语鲁读考》一卷、《顽石庐经说》十卷、《管色考》一卷、《笛律图注》一卷、《律吕肊说》一卷，皆有刻本。久能所著《娱亲雅言》附新田说甚夥，新田尝为之序，文字商榷，至今犹可考览焉。闰四月廿二日丹徒陈祺寿。

(6)书前最后一《序》：

辛亥冬日,予购得宋雕《仪礼要义》全册于杭州故家,共破二十六万钱,家中所储,时下书籍为之一空,不顾邻里之嗤笑、妻孥之诟厉,去年复手录此本以为副,呜呼!世间好书如予者,几人哉。

吴门钱叔宝之子功甫家徒四壁,所藏书率人间罕见之本,又皆其所手钞者,吾生不与此君同时,茫茫天下,谁知吾者。

人莫不各有所好,而好书者,百不得一,好书而以经义为重者,又百不得一。如此书历六百年尚巍然无恙,而诸前辈从未常有道及者,他可知已。壬子中秋前五日书于浮梁官廨(朱文印"严")。

(7)书末尾跋文:

去岁孟冬予游武林,得宋魏秦公《仪礼要义》宋刊本子,汪氏首尾完具,末仅缺一叶,真至宝也。首夏之月从事钞录,中间疾病,浪游废辄多时,暮冬恒燠,殊便操觚,并力钞完,遂识其由于卷尾。壬子熹平廿七日,芳菽堂主人严元照书。

笔者按:此书卷前有莫棠、王秉恩、严元照、叶德辉跋,末有严元照尾跋,然而,《中国古籍善本书目》所言胡嗣芬跋,笔者未见。此书有藏印:文弨借观。卢文弨另有校跋本,现藏于南京图书馆。

四、《仪礼要义》五十卷,清抄本,清佚名校,三十二册,上海图书馆藏,索书号:815469-500。无边框,每半页九行,行十八字。藏印:四明卢氏抱经楼藏书印。附注:眉端抄录原校注,书中有朱笔注。

笔者按:此本与上述严抄本相比,眉批及行款全同,卷内各标题《仪礼要义卷第一》等亦同。此抄本亦袭自严元照抄本。书内朱笔批校,乃校正抄写时的讹舛脱漏,如《仪礼要义目录》脱抄"卷四十三""士虞礼二",佚名校者则用朱笔补入。卷一"并是周公摄政致太平之书,《周礼》为末,《仪礼》为本",其中"周礼",此本误作"周公",校者以朱笔校改。此书无序跋,多脱漏,疑此本是据严氏抄本的过录本。

五、《仪礼要义》五十卷,宋魏了翁撰,清抄本,有丁丙跋,十二册,南京图书馆藏,索书号:GJ/112257。

清丁丙《善本书室藏书志》卷二题此书作"《仪礼要义》五十卷,影宋钞本",且云:

> 此为魏了翁所撰《九经要义》之一,于每篇各为条目,即节其注疏录于下方,与《周易要义》略同。《仪礼》诸儒训诂自《丧服》诸传外,《隋志》四家,《旧唐志》亦四家,《新唐志》

189

三家，今惟存郑注贾疏。郑注古奥，贾疏芜蔓。了翁删剟分胪，品节度数，条理秩然。郑、贾精华备是矣。①

六、《仪礼要义》五十卷，宋魏了翁撰，清乾隆五十七年严元照抄本，清严元照校跋并录卢文弨、段玉裁、徐养原、顾广圻跋，有丁丙跋，二册，南京图书馆藏，索书号：GJ/EB/112260。存十二卷：十二至十三，三十四至三十六，四十至四十二，四十七至五十。

卷前丁丙跋云：

《仪礼要义》五十卷，归安严修能手钞宋本。此为严久能元照手写，小楷精绝，并加校正，兵火所经，仅存十二、十三、卅四、卅五、卅六、十、一、二、七、八、九、五十，凡十二卷。末有卢文弨跋云：此书罕传，朱锡鬯未之见，归安严文学元照，闻杭州汪氏有宋刻，亟以二百六十千购之。甚宝惜，手钞副本以示索观者。元和顾广圻跋云：此书真天地间第一等至宝，不徒因宋椠而珍重也。今之《仪礼注疏》依十七篇为卷，而贾氏之元第，世不复见。黄荛圃所藏景德单疏本失去卅二至卅七六卷，是一大阙陷事。今以此相校则其分卷之处，景

---

① 〔清〕丁丙：《善本书室藏书志》卷二，《续修四库全书》第927册，影印清光绪二十七年钱塘丁氏刻本，上海：上海古籍出版社，1995年，第182页。

现存《仪礼要义》珍本题跋辑释

德本所有,既若合符节。景德本所无,正厘然具存。一一可取以补全。其为功于贾书者甚大。至其文句与今本异者必与景德本合,如《聘礼记》:"对曰:'非礼也,敢。'"唐石经"敢"下衍一"辞"字。自宋以来经注各本皆仍其讹。贾疏云:"介则在旁曰:'非礼也,敢。'"张忠甫尝据以证"辞"之为衍字者也。今注疏本增"辞"字,致为巨谬。惟景德本及此未有也。此尚夥,特撮举其崖略。又有徐养原跋,校语尤多。及元照自记。有严修能及张氏秋月字曰香修印,香修盖其妄也。①

据《中国古籍善本书目》录此书曰:"《仪礼要义》,南京图书馆,严元照手钞本。严元照校跋并录清卢文弨、段玉裁、徐养原、顾广圻跋。清丁丙跋。存十二卷。"②今查原书,并无段玉裁的跋文,《中国古籍善本书目》误记之。其卷末跋文次第如下。

卷前卢文弨跋文曰:

> 此书五十卷,世罕流传,《聚乐堂艺文目》有之,朱锡鬯载

---

① 另见〔清〕丁丙:《善本书室藏书志》卷二,《续修四库全书》第 927 册,影印清光绪二十七年钱塘丁氏刻本,上海:上海古籍出版社,1995 年,第 182 页。
② 《中国古籍善本书目》编辑委员会编:《中国古籍善本书目》,上海:上海古籍出版社,1989 年,第 184 页。

之《经义考》,然未之见也。归安严文学元照闻杭州汪氏有此书,犹是宋刻,亟以二百六十千购之,甚宝惜。手钞副本以示索观者,而刻本不轻出也。予至其家,始得见之。其书分段录贾氏之疏,每段先标大指为提纲,以下但载贾疏,魏氏绝无论说。余时为《仪礼注疏详校》,取以覆对其讹舛处,与近世本大略相似。朱子《通解》虽有改正而亦未能尽,则知此一书之传讹也久矣。今此上方间著温本一二异同,不多见。其经注阙者亦未之补也。然每段括其大要,使考者易于寻求,则此书亦不可废。锡鬯过目之书号为广博,而今乃得见其所未见者,可不谓幸欤。抱经卢文弨跋。

严氏所录此跋文,另见于卢文弨《抱经堂文集·魏华父仪礼要义跋》,但二者文字稍异。①"与近世本大略相似"一句,严氏以红尖三角,标示于"与"和"似"二字之下。严氏不满卢氏所论,撰《又书仪礼要义后》(乙丑)举其本佳处数例,云:

> 其他佳处,又见于德清徐君养原之跋,可参考也。乾隆乙卯学士卢抱经先生刻《仪礼详校》,曾借予手写本去,乃曰:

---

① 〔清〕卢文弨:《抱经堂文集》卷八,《续修四库全书》第1432册,影印清乾隆六十年刻本,上海:上海古籍出版社,1995年,第622—623页。

"与近本大略相似。"先生是时笃老且病,急于成书,实未暇细读也。①

严氏另撰《书仪礼注疏详校后》,解释卢校未及此本缘由:

> 今兹以《要义》校汲古阁注疏,因取此书相参校,然后知官本所增改,合于《要义》者,十之七八。浦金堂家,合者十五六。先生但注曰"官本增改,浦金堂增改"而已,未尝云"《要义》如此",则先生于《要义》,聊一寓目,未之细考也。先生是年七十九岁,夏秋间已患病。时予以试事在杭,犹记一日者谒先生,先生正覆校此书,见客至,骤印首离坐,执手睇审,不辨为谁。某高声通姓名乃悟。盖其时已衰甚矣。以笃老之年,校难读之经,茧丝牛毛,句栉字比,欲求其一无可议,难矣。往时,元和顾君广圻颇掎摭此书之失,予告之故,顾君乃不言。②

卢氏晚年患病,精力不济,无暇细校《仪礼要义》与《仪礼注疏》的

---

① 〔清〕严元照:《悔庵学文》,《清代诗文集汇编》第508册,影印清光绪刻《湖州丛书》本,上海:上海古籍出版社,2010年,第527页。
② 〔清〕严元照:《悔菴学文》,《清代诗文集汇编》第508册,影印清光绪刻《湖州丛书》本,上海:上海古籍出版社,2010年,第527页。

异同。严氏将此所见告知顾千里,顾氏也不再苛责其书(即《仪礼注疏详校》),此尤见乾嘉学者惺惺相惜之情。所言温本即宋乾道八年(1172)温州守吏郎章贡曾逮锓梓的《仪礼》,张淳为之校雠。

跋文二:

> 右宋椠本魏文靖公《仪礼要义》五十卷,归安严君九能藏书也。嘉庆壬戌九能携至西湖予所寓居相示,并别有手钞者一部见借。予久闻此书,今得观焉,乃叹赏以为真天地间第一等至宝。不徒因宋椠而珍重者也。今之《仪礼注疏》,依十七篇为卷,而贾氏之元第,世不复见。向在吾郡黄氏传校其所藏景德六年单疏本,咤为得未曾有。但其本失去卅二至卅七六卷,是一大阙陷事。今用此书以相比校,则其分卷之处,景德本所有既合若符节。景德本所无,正厘然具存,一一可取以补全之也。即此而为功于贾书者,不甚大哉。至其文句与今本异者,必与景德本合,如《聘礼》记"对曰:'非礼也,敢'",唐石经"敢"下衍一"辞"字。自宋以来,经注各本皆仍其误。贾疏云:"介则在旁,曰'非礼也,敢。'"张忠甫尝据之以证"辞"之为衍字者也。今注疏本反依误本,经注增"辞"字于下,致为巨谬。唯景德本及此则俨然未有也。此类尚夥,当以卒业后悉标识于钞本。兹特撮举其崖略,书于后而还之,六月初七日元和顾广圻记。

中丞阮公将为《十三经》作《考证》一书,任《仪礼》者为德清徐君新田,新田与九能有姻亲,曾传钞是书。近日,复从予所持旧校景德本去,临出一部,将来此二书者,皆必大显白于天下。然溯导河所自,则此本与景德本实为昆仑源也。广圻又记。

跋文三:

右《仪礼要义》五十卷,宋魏文靖公之所辑也。公于九经皆有《要义》,大抵取唐人义疏,录其精要,以便读者,非别有所发明,特其所据,皆两宋善本,足订俗刻之讹,而此一书尤为有功。盖经注简奥,贾疏謇涩。浅人不得其解,往往意为改窜,视它经讹舛较甚。魏公节录疏文,略载经注,多与今本不同,试举数端言之:《士冠》注:"古文坫为檐。"檐以木,即"櫩"字也。今本以衣。张淳尝辨之。"筵末坐啐,醴建柶兴",今本"建"作"捷"。"夏殷质则积仲,周文则积叔。"两"积"字,今本皆作"称"。《士昏礼》注:"达,通也。"今本"通"下复有"达"字。又疏:"如今之筥、𥰓簏矣。"今本"𥰓簏"作"筻簏"。《乡饮》疏:"读为'疑然从于赵盾'之疑。"今本"疑"作"仡"。《乡射》疏:"不以已尊孤人也者。"今本

195

"孤"作"于"。《燕礼》经"大师告于乐正",今本脱"于"字。《大射》疏"缅寸",今本"缅"作"绢"。《聘礼》疏:"凡簋皆用木而圆。"今本"簋"作"簠"。又注"辞不受也",今本重"辞"字。《觐礼》疏:"变拜言礼者容祀也者。"今本"容"作"客"。"在傍与己同曰偏者。"今本"在"作"左"。《士丧礼》疏:"死而迁之,当牖下。"今本"当"作"南"。又注:"则《特牲》《少牢》当有主象,而无,何乎?"今本注及疏"何"字俱作"可"。《特牲》疏:"某'且'字也。"今本"且"作"祖"。《少牢》疏:"此被锡移袂,与主妇同。"今本"移"作"侈"。《有司彻》经:"执桃匕枋。"今本"桃"从手。又疏:"读为藏其堕之堕。"今本皆作"惰"。此字之乖错也。《士昏记》疏"案匠人云"一段,今本依《通解》增删数句,《乡饮礼》"磬,阶间缩霤,北面鼓之"疏文一段,今本依《通解》增多廿八字。《丧服》首节传,今本分为三节。"慈母如母传"注,今本脱廿字。"从祖祖父母、从祖父母,报"疏,今本脱十六字。"为外祖父母传"疏,今本脱十八字。"贵臣贵妾"注本在传下,今本移置经下,并疏而移之。"夫之诸祖父母报"疏,今本脱廿字。《士丧礼》"侧亨"疏,今本依《通解》增廿一字。"有司彻议侑"疏,今本脱廿七字。"尸侑主人"疏,今本脱廿二字。此文之增损也。其他异同,尚不可枚数。更可贵者,贾疏五十卷,自宋以前,未曾散附注下,马廷鸾说可证也。魏公此书,分卷五十,尚循贾氏之旧,往岁中丞阮公校勘《仪礼》,借阅宋刻单疏本于吴门藏书家,已阙卅二至卅七六卷,以此书补之。虽疏文删节,标识不存,而六卷略限起讫,厘然可考,诚快事也。予友严子修能以高价购得宋椠本,手录以公同好,其用意可谓勤且笃矣。予借钞毕,因略述其异于今本者,书于卷尾,以志忻赏云,嘉庆甲子嘉平月德清徐养原新田甫书。

徐氏过录宋本《要义》,据以详校阮刊《十三经·仪礼注疏》,枚举数例,以示此书的校勘价值。

跋文四:

诸经之疏,各自为书,本不以经注相连属。后人与经注合刻,则不能不有所并省。故诸经疏之分卷,多非唐宋之原本。如《仪礼》之疏本五十卷,而今则依经之篇数分为十七,非贾氏之原第矣。苏州黄氏藏宋景德刻《仪礼疏》五十卷,犹存贾书之旧。惜阙《丧服》经传,《士丧礼》二篇,计六卷,书遂不完。此魏文靖《仪礼要义》,乃其《九经要义》之一,分卷一仍贾旧,且卷帙完好,可以补景德本之阙,诚不可少之奇书也。此书载于《聚乐堂书目》,朱氏《经义考》所未见者,予少时好求宋刻图籍,杭州汪氏有此书宋刻,索直五百。予苦爱之,议直廿六万钱。费无所出,乃尽鬻家所有书,如数畀之,

始归予插架,而予书癖之名,遂播于一时。向曾手录一副,为元和友人顾千里借去三年矣。年来资用日绌,将鬻书为活。度此书不能长为我有,故又写此本藏诸簏衍,它日不得见中郎,庶几犹得见虎贲也。初予得此书时,唯汪氏有一副本。归予后,友朋中渐有传钞者,殆不至即湮没矣。予未见景德本,心艳之甚,未知此生得一寓目否。写此书始于去年三月之望,到今四百有四旬矣。饥馑荐臻,流离困顿,忧皇骇愕之中,矻矻作钞胥,虽欲不谓之骏也,不可得也。嘉庆十年乙丑夏六月八日归安严元照修能氏识于画扇斋(朱文印:严氏修能,香修)。

严元照《悔庵学文》刊本卷六亦录此文,题作《书手录仪礼要义宋本后》(乙丑),但字句多有差异。① 抄本此跋后,尚附一小段题记:

十年以来,藏书斤卖殆尽,此书因是手钞,颇秘惜之。顷实贫甚,偶有武林陶君来欲购之,遂不复为我所有,为之悃悃,寄语好古之士,幸勿轻视之,乙亥十月五日修能手识。

---

① 〔清〕严元照:《悔庵学文》,《清代诗文集汇编》第508册,影印清光绪刻《湖州丛书》本,上海:上海古籍出版社,2010年,第525页。

现存《仪礼要义》珍本题跋辑释

七、《仪礼要义》五十卷,宋魏了翁撰,清初汲古阁抄本,六册,北京大学图书馆藏,书号:2617①。白口,单鱼尾,版心下刻"汲古阁"三字,每半页九行,行十八字。藏印:木斋藏书,李传模印,廓轩,明墀之印,李氏玉陔,张承涣印,子谦,毛氏图史子孙永保,海宁杨芸士藏书之印,秘册,张月霄印,爱日精庐藏书。

北京大学藏本有张氏藏印,则此书递经张金吾收藏,《爱日精庐藏书记》有载:"《仪礼要义》五十卷,旧钞本。宋魏了翁撰。"②惜其不详旧抄本转录何本。此书又经毛晋收藏,但查毛氏《汲古阁珍藏秘本书目》③(清嘉庆五年黄氏士礼居刻本),却未收录该抄本。

八、《仪礼要义》五十卷,宋魏了翁撰,清补萝书屋抄本,十册,北京大学图书馆藏,索书号:094.57/2718④。黑口,双鱼尾,左右双边,每半页九行,行二十一字,版心下记:补萝书屋。卷内具体

---

① 北京大学图书馆:《北京大学图书馆藏古籍善本书目》,北京:北京大学出版社,1996年,第18页。
② 〔清〕张金吾:《爱日精庐藏书记》,《续修四库全书》第925册,影印清光绪吴县灵芬阁集字版校印本,上海:上海古籍出版社,1995年,第274页。
③ 〔清〕毛扆:《汲古阁珍藏秘本书目》,《续修四库全书》第925册,影印清嘉庆五年黄氏士礼居刻本,上海:上海古籍出版社,1995年。
④ 北京大学图书馆:《北京大学图书馆藏古籍善本书目》,北京:北京大学出版社,1996年,第18页。

条目的各序号以朱笔标识，无卷前的目录页。藏印：蒋维基印，子垕。此书《中国古籍善本书目》缺收之。

经比对，此抄本全据文渊阁《四库全书》本（下简称"《四库》本"）抄录，缺佚数页则另据宋魏克愚刻本（下简称"宋本"）补配。比如《四库》本各卷前皆无标细目，而宋刻本则有墨框白文的序号标识。今此本原无墨笔序号，条目序号是以朱笔另增之。宋本卷末皆有题"《仪礼要义》五十卷终"，《四库》本缺"终"字，此本亦缺。

从内容上看，《四库》本条注多有省略节引，宋本则较齐备。比如卷末四十六"四六、官彻谓司马司士举俎宰夫取敦豆"条，《四库》本只取条注"宰夫取敦及豆者，以其宰夫多主主妇之事"，但宋本其后尚有百余字，今抄本亦无。宋本其后尚有四七条"阳厌当室之白，祊祭求神"，四八条"豆间祭埋西阶东神位在西"，四十九条"有司改馔妇人撤馈"，五十条"有司改馔妇人撤馈"四条，《四库》本悉缺之，抄本亦缺。

但《四库》本缺三十至三十一卷，此本却完好。细审此二卷，乃抄配宋本。比如宋本卷三十一"为继父同居服期谓三者具"一条为该卷的第一条，其后第二、第三条即连属一处，第三条未退格另提行，至第四条才另提行。抄本同宋本，且以朱笔标示第二、第三条所在。

九、台北故宫博物院所藏文渊阁抄本。《台北故宫博物院善本旧籍总目》录有:"《仪礼要义》五十卷,宋魏了翁撰,清乾隆间写文渊阁《四库全书》本,十八册。"①以上所录文渊阁本,经核查,即为台湾商务印书馆《文渊阁四库全书》所录之底本,文渊阁本显缺三十、三十一两卷。然而《台北故宫博物院善本旧籍总目》并未注明残缺情况。因为其《凡例》言:"凡不全之书,概依现存卷数著录,而注明其存缺卷数于下。如存缺之卷未详,则从略。"②

《四库》本所据底本,据《浙江省第四次吴玉墀家呈送书目》云:"《仪礼要义》五十卷,宋魏了翁撰,十二本。"③《浙江采集遗书总录乙集》又云:"《仪礼要义》五十卷,瓶花斋写本。"其后题:"右宋魏了翁撰,说详易类,此书《经义考》云未见。"④此即《四库》本所据底本。

《钦定四库全书总目·仪礼要义》提要:

> 《仪礼要义》五十卷,浙江吴玉墀家藏本。宋魏了翁所撰《九经要义》之一,于每篇各为条目,而节取注疏,录于下方。

---

① 台北故宫博物院:《台北故宫博物院善本旧籍总目》,台北:台北故宫博物院,1983年,第68页。
② 台北故宫博物院:《台北故宫博物院善本旧籍总目》,台北:台北故宫博物院,1983年,第11页。
③ 吴慰祖:《四库采进书目》,北京:商务印书馆,1960年,第85页。
④ 张升:《〈四库全书〉提要稿辑存》第1册,北京:北京图书馆出版社,2006年,第195页。

屯蒙集

与《周易要义》略同。盖其著书本例如是也。《仪礼》一经，最为难读。诸儒训诂亦稀，其著录于史者，自《丧服》诸传外，《隋志》仅四家，《旧唐志》亦仅四家，《新唐志》仅三家。今惟郑玄注、贾公彦疏存耳。郑注古奥，既或猝不易通。贾疏文繁句复，虽详赡而伤于芜蔓，端绪亦不易明。《朱子语录》谓其不甚分明，盖亦有故。了翁取而删剟之，分胪纲目，条理秩然，使品节度数之辨，展卷即知，不复以词义髣髴为病。其梳爬剔抉，于学者最为有功。虽所采不及他家，而《仪礼》之训诂，备于郑、贾之所说，郑、贾之精华备于此书之所取。后来诠解虽多，大抵以注疏为蓝本，则此书亦可云提其要矣。①

《文溯阁四库全书提要》大抵相同，字句微异，补入了该书的流传情况，云：

了翁《九经要义》见于张萱《内阁书目》者，本合为一书，后来流播甚罕，朱彝尊《经义考》亦以为未见。今是书与《周易》《春秋》《左传》诸要义虽已次第并出，而他经存佚互见，

---

① 书前的提要后又题云"乾隆四十三年三月恭校上"。见《钦定四库全书总目》，文渊阁《四库全书》第 1 册，台北：台湾商务印书馆，1983 年，第 414 页。浙本亦同。另见〔清〕永瑢等：《四库全书总目》，北京：中华书局，1965 年，第 160 页。

未能尽符原数，故仍分著于录，以各从其经类焉。是书第三十及三十一两卷原缺，无可考补，姑仍其旧云。乾隆四十七年五月恭校上。①

《文津阁四库全书提要》亦同，唯其后则署："乾隆四十九年十一月恭校上。"②唯《总目》提要卷前不言该书有缺卷，则不妥。

崔富章《四库提要补正·仪礼要义》云："文澜阁库本原书存卷二十一、二十二、二十七、二十八、三十七至四十三，余为丁氏补钞，五十卷全。"云云，又言："丁氏所藏两本，今归南京馆收藏，为钞阁本书所据，故文澜阁无缺卷。"③"丁氏"即丁丙，文澜阁库本因据丁氏两藏本补录，故无缺失。

至于其他传本的情况，胡玉缙《四库全书总目提要补正》："瞿氏《目录》有影钞宋本。玉缙案：江苏书局有刊本。"④邵懿辰《增订四库简明目录标注》云：

---

① 金毓黻：《金毓黻手定本文溯阁四库全书提要》卷十二经部十二，北京：中华全国图书馆文献缩印复制中心，1999年，第103页。
② 四库全书出版工作委员会：《文津阁四库全书提要》，北京：商务印书馆，2006年，第278页。
③ 崔富章：《四库提要补正》，杭州：杭州大学出版社，1990年，第124—125页。
④ 〔清〕胡玉缙撰，王欣夫辑：《四库全书总目提要补正》，上海：上海书店出版社，1998年，第131页。

屯蒙集

内府有宋刊本。抱经跋乌程严氏所藏宋刊本云，讹舛处，与近世本大略相似。振绮堂有影宋钞本。

今查《振绮堂书目·钞本经类》即录："《仪礼要义》十五册，五十卷，宋魏了翁撰。"①邵章《续录》又云：

宋刊本，每叶十八行，行十八字，阙首六卷，自卷之七《士相见礼》始，其首六卷则钞补。上海郁氏宜家堂旧藏。清初汲古阁钞本。江苏局本。②

今对比两种影刊宋本，北京国家图书馆所藏本配补甚多，而台北故宫博物院所藏本仅配补一页，今录二者的配补情况，使学者能择善而从。

十、《仪礼要义》五十卷，宋魏了翁撰，宋淳祐十二年魏克愚刻本（卷一至卷六、二十五至二十八、四十一至四十三配清抄本），国

---

① 〔清〕汪宪：《振绮堂书目》第四卷，民国十六年东方学会铅印本，林夕《中国著名藏书家书目汇刊》第 21 册，北京：商务印书馆，2005 年，第 464 页。

② 〔清〕邵懿辰撰，邵章续录：《增订四库简明目录标注》，上海：上海古籍出版社，1959 年，第 82 页。

家图书馆藏。① 今《中华再造善本》据此国图本影印。

此本卷十有墨笔题识："同治乙丑六月独山莫友芝读过。"后有"莫友芝图书印",知此本经莫友芝递藏。据清莫友芝《宋元旧本经眼录》云：

> 《仪礼要义》五十卷,宋本。行款与《毛诗》同,亦郁氏宜稼藏,阙首六卷。自卷之七《士相见礼》始,每册首有"汪士钟印""阆源真赏"二印,其首六卷则钞补。②

今核查此本,除卷一至卷六,前六卷抄补外,二十五至二十八、四十一至四十三也配清抄本。其中,卷二十五、二十七、四十一、四十二抄本卷下皆钤有"汪士钟印"及"阆源真赏"二印。所补各卷与汲古阁抄本互校,内容行款全同。盖汪士钟收藏时抄配上述缺卷。莫友芝仅言"阙首六卷",则不详审也。

十一、台北故宫博物院所藏宋刊《仪礼要义》五十卷,宋魏了

---

① 《中国古籍善本书目》编辑委员会编:《中国古籍善本书目》,上海:上海古籍出版社,1989年,第184页。
② 〔清〕莫友芝《宋元旧本书经眼录》卷一,清同治年间独山莫氏刻本。贾贵荣、王冠:《宋元版书目题跋辑刊》第1册,北京:北京图书馆出版社,2003年,第228页。

翁撰,宋淳祐十二年魏克愚徽州刊《九经要义》本,三函十二册。①左右双栏,版心白口,双鱼尾,版心中缝上记字数,中记"仪礼要义几",下记页次及刻工名,每半页九行,行十八字。藏印有:"元照私印"朱方、"石谿严氏芳椒坐藏书"大白方、"蕙櫋"朱方、"沅叔审定"朱方、"袁又恺曾观"朱文、"张氏香修"白方、"张氏秋月字香修学幼怜"大白方、"香修"朱方、"修"朱方、"秋月之印"朱方、袁廷梼、傅增湘、张香修②。其中卷五十页二十为补抄。吴哲夫《故宫善本书志》云:"全书首尾完具,仅卷五十最末页缺佚,经后人依原式钞配。"又云:"明《内阁藏书目录》著录鹤山《九经要义》二部:一部为六十八册,一部为二十四册,皆不全。六十八册者其下注云'见存《仪礼》七册',殆即此刻。"③

今台北故宫博物院1992年据此宋本影印,题作《景印宋本仪礼要义》,三函十二册。卷前增附秦孝仪的《仪礼要义·序》言

---

① 《台北故宫博物院善本旧籍总目》录:"《仪礼要义》五十卷,宋魏了翁撰,宋淳祐十二年魏克愚徽州刊《九经要义》本,三十六册。"台北故宫博物院编:《台北故宫博物院善本旧籍总目》,台北:台北故宫博物院,1983年,第11页。

② 吴哲夫云:"香修姓张氏,初名秋月,幼媵于无锡嵇相国家,严蕙櫋娶于嵇,乃谋诸中闺而胖合,并援《十六观经》'戒香薰修'之语,字之曰香修,《平津馆鉴藏书籍记》《宋版类编朱氏集验医方》有'张氏秋月字香修一字幼怜'朱文印。"吴哲夫:《故宫善本书志》,台北故宫博物院编《图书季刊》第三卷第4期,台北:台北故宫博物院,1973年,第68页。

③ 吴哲夫:《故宫善本书志》,台北故宫博物院编《图书季刊》第三卷第4期,台北:台北故宫博物院,1973年,第67—68页。

"本院所藏此书宋版为清严久能家旧物,嘉庆间阮文达购得进呈内府"云云。吴哲夫《故宫善本书志》也言"旧藏严久能家,为阮文达购得,进呈内府","阮元采购进呈内府藏书,初乃备续修《四库全书》之用,俱称《宛委别藏》藏书,此本未被列入,殆因《四库全书》已有著录欤!"①

然而,傅增湘《藏园群书经眼录》著录此书,傅氏按:"此书久能没后乃散出,盖在嘉庆时,不知缘何入于中秘,或臣工进呈及钞没贵家所得也。故宫藏书,丁卯七月。"②傅增湘未详何人进呈。又据以上阮元《文选楼藏书记》所言,其所得乃抄本,又丁日昌更确言阮氏未得宋本,此书亦无阮氏藏印,则此书当未经阮氏递藏。

全书除卷五十页二十有抄配外,其他卷帙皆完好。吴哲夫言"书中字体瘦劲,楮墨如新,为宋刻鲜见,真秘籍也"。秦氏叹此本"首尾完善,字体瘦劲,楮墨如新",是也。此本为严氏诸抄本之祖本,洵为研习《仪礼要义》最善之本。

---

① 吴哲夫:《故宫善本书志》,台北故宫博物院编《图书季刊》第三卷第4期,台北:台北故宫博物院,1973年,第67页。
② 傅增湘:《藏园群书经眼录》第1册,北京:中华书局,1983年,第50页。

《直斋书录解题》宋兰挥藏本及校记

陈振孙,字伯玉,号直斋,生于淳熙六年(1179),卒于景定三年(1262),享年八十四岁。① 他出生于书香世家,是"永嘉九先生"周行己的外孙。曾仕宦江西、福建、浙江等地,所到之处,无不大量购书且从地方藏书家中传抄罕传秘本,其后又至京师查阅国子监、秘书省等藏书。陈振孙将其所收、所见之书编成《直斋书录解题》,此书将历代典籍分为五十三类,详分类目且附有解题,是宋代具有代表性的私家目录之一。

《直斋书录解题》著录大量图书,所载宋人著述又多附考证,可补订宁宗以后官修目录和史志目录的疏漏。王重民《中国目录学史论丛》有言:

> 《直斋书录解题》共著录了图书51180卷,超过了南宋政府的藏书目录(《中兴馆阁书目》共著录图书44486卷,加上

---

① 何广棪:《陈振孙生卒年新考》,《文献》2001年第1期。

《直斋书录解题》宋兰挥藏本及校记

《续书目》14943卷,才仅比《直斋书录解题》多出8000多卷)。在图书的著录和内容的概括上,《直斋书录解题》的参考使用价值也比《中兴馆阁书目》为优,使私人藏书目录在质量两方面都压倒了官修目录。从《中兴馆阁书目》到《四库全书总目提要》的600年中间,元、明、清三个朝代都没有编出过一部像样的(或者说是正式的)官修目录,这是我国目录学史上的一个很大的变化,而《直斋书录解题》则是这一巨大变化的转折点。①

惜原书久佚,四库馆臣唯从《永乐大典》中辑出,重编为二十二卷,刊入《武英殿聚珍版丛书》中,后又收入《四库全书》中,是为今之通行本。此书尚有残本传世,相传明毛晋有宋刻本半部②,又有明万历武林陈氏刊本③,然今皆不见。今存者有:北京图书馆所藏抄本四卷(第四十七卷至第五十卷),著录为元抄本;上海图书馆藏有卢文弨《新订直斋书录解题》稿本五十六卷(以下简称

---

① 王重民:《中国目录学史论丛》,北京:中华书局,1984年,第122页。
② 《湖录》:"闻之竹垞先生云:'《书录解题》一十六卷,常熟毛氏藏有半部宋椠本,亟访之,乃托言转于玉峰,不获一见,惜哉!'"〔清〕郑元庆撰,〔清〕范锴辑:《吴兴藏书》,北京:古典文学出版社,1957年,第10页。
③ 〔清〕邵懿辰撰,邵章续录:《增订四库简明目录标注》,上海:上海古籍出版社,1979年,第350页。

"卢校本"),然仅存第一卷至第七卷、第十六卷至第五十六卷,共四十七卷。卢文弨得该书"集部元本"和"子部中数门",作《新订直斋书录解题》,将该书厘定为五十六卷,然卢氏未刊此书;南京图书馆藏有卢氏校跋浙江翻刻武英殿二十二卷本,其书副页附丁丙跋文;国家图书馆亦藏有傅增湘过录清卢文弨校跋本,其底本为武英殿原刊本。① 傅增湘又将卢校本的校记辑出,刊布于《国学季刊》新第三卷第一期到第四期,题为《直斋书录解题校记》。

今学者徐小蛮、顾美华二人取《武英殿聚珍版丛书》原刊本作底本(后简称"殿本"),以国家图书馆所藏四卷元抄本和上海图书馆所藏卢校本为主要校本,复吸收傅增湘《直斋书录解题校记》所录卢氏的校记成果,还参考《郡斋读书志》、《文献通考》、各史志目录等,撰成《直斋书录解题》点校本(以下简称"点校本"),上海古籍出版社1984年出版此书,是为今学者广泛采用的本子。但点校本却未参考北京大学图书馆藏李盛铎过录宋兰挥所藏旧抄本,也未参考青海师范学院所藏缪荃孙批校《武英殿聚珍版丛书》清刻本二十二卷本,不免是其未备之处。

今笔者有幸得睹北京大学李盛铎藏本,其书衣言"从缪筱珊前辈借宋兰挥藏旧钞残本过录",缪筱珊即缪荃孙,宋兰挥藏本即

---

① 以上参见《中国古籍善本书目》编辑委员会编:《中国古籍善本书目》,上海:上海古籍出版社,1989年,第1383页。

为李氏过录本之底本，也为缪氏校勘殿本之所据；则录此一书而缪氏校本亦兼得，幸甚之至。若点校本配以此残抄本之校记，则陈氏此书各抄本即汇集一处，臻至完璧。今详述李氏藏本的特征，甄录卷内天头李氏的校记，以献诸学林。

一

《直斋书录解题》，宋陈振孙撰，清光绪十九年（1893）德化李盛铎传录旧抄本（据《永乐大典》辑本校），二册，北京大学图书馆藏，索书号：8111。[①] 蓝栏、白口、单鱼尾、四周单边，每半页十行，行二十字。藏印：德化李氏凡将阁珍藏。

第一册书衣题作："《直斋书录解题》，癸巳正月从缪筱珊前辈借宋兰挥藏旧钞残本过录。木斋记。"癸巳即1893年。

第二册书衣题作："癸巳三月钞毕。"

李氏过录之本即出自缪荃孙，缪氏《艺风藏书记》录所藏残本云：

> 此钞帙虽不全，尚是陈氏原书。存楚辞类一卷，总集类

[①] 北京大学图书馆编：《北京大学图书馆藏古籍善本书目》，北京：北京大学出版社，1999年，第200页。

一卷,诗集类二卷,别集类三卷,类书类一卷,杂艺类一卷,音乐类一卷,章奏类一卷,歌辞类一卷,文史类一卷,神仙类一卷,释氏类一卷,兵书类一卷,历象类一卷,医书类一卷,卜筮类一卷,刑法类一卷。原书惟别集分三卷、诗集分两卷,每类各自为卷。全书当分五十六卷。与大典本相校,释氏类多二条,杂艺类七条,类书类二条,其余字句亦多同异。荃孙另撰《考证》。收藏有"鯀松庵"白文长方印、"筠"字朱文圆印、"宋氏兰挥藏书善本"白文长方印。①

卷内各页天头有墨笔小字校记,此当为李盛铎所校。李氏过录他书也常校书,今北京大学图书馆藏李氏藏书多有批校。缪氏绝非直批校记于旧残本之上,以上缪氏云"荃孙另撰《考证》"之语即可证,缪氏据其旧藏本校勘清刻本,其校记当录于清刻本之上,今又有缪氏批注本存世可证。

李氏书内批注校记,言以"大典本"对校之,然李氏所谓的"大典本",实为殿本。比如"别集类"下"《韦斋小集》十二卷"条注"文公之父也",批注:"'也'下,大典本据《通考》增五十五字。"今查殿本,此条注下馆臣按语云:"'公尝言'以下,原本脱去,今据

---

① 〔清〕缪荃孙著,黄明、杨同甫标点:《艺风藏书记》,《中国历代书目题跋丛书(第二辑)》,上海:上海古籍出版社,2007年,第116页。

《文献通考》增入。"又如"别集类"中"《清江三孔集》四十卷"条注"周益公必大为之序",批注:"'序'下大典本据《通考》补九十字。"今查殿本,此条注下馆臣按语云:"'序略曰'以下原本脱去,今据《文献通考》增入。"通过以上馆臣按语,可知大典本并未增补字句,所增者乃殿本。若馆臣所据大典本即录此条文,馆臣录之即可,何烦作此按语?李氏抄本各卷类目上均录校记,言其所对应的大典本编次,经核查,实为殿本的编次。因此,李氏校记所言之"大典本"确为殿本,李氏未见"大典本"原本。但因殿本《直斋书录解题》即辑自《永乐大典》本,则李氏泛称"大典本"亦无不可。

武英殿聚珍本版本有两大系统:一为武英殿原刊本系统,又称为"内聚珍";二为翻刻本系统,乾隆四十一年(1776)将这部丛书颁行东南五省,且准许翻印,以后各地纷纷照本开雕,又称为"外聚珍"。李氏所据殿本未详何本,今笔者以殿本原刊本(内聚珍)复校之,知李氏校记与原刊本虽卷数无别,然字句尚有不同,则李氏所据殿本当为翻刻本(外聚珍)。为保留批注原貌,笔者下录李氏校记,仍从原校所称"大典本"。

此本渊源有自,如"玄"字不缺笔,确可信从。此本可增补殿本的条文不少,其所增补的条文,卢校本多有出校[①],抄本与卢氏

---

① 因卢校本原书未刊,下引卢校本校记和条文即依据徐小蛮、顾美华的点校本。

所据之元本当处于同一版本源流中。然抄本尚有卢校本未录之条文，且其中可补订卢校本的异文亦复不少。比如：抄本"《栀林集》十卷"条注"人固不足道，诗亦无可观者"，卢校本无此句；抄本"《天竺灵苑集》三卷、《采遗》一卷"条注"所谓式忏主也"，卢校本也无此句。知卢文弨校此书，并非依据缪氏残抄本也。①

二

此抄本文献价值有：

（一）部分还原陈书类目的原编次

大典本原有五十六篇类目编次不详，馆臣辑出重编作二十二卷本，已尽改原书编次。卢文弨虽复编就五十六卷，然卢氏编次多参己意，也非陈书旧目。今目验此抄本，实为二十卷，各卷篇目示以"第一""第二"序号后，再无编号。《北京大学图书馆藏善本书目》以为原本二十二卷，今存十九卷，缺佚三卷。然抄本书衣和题识皆不言卷数，不知《善本书目》何据。

今将抄本各卷篇目（即类目）辑出，其前标以序号以示前后次

---

① 张守卫以为卢文弨乾隆年间重辑《直斋书录解题》时，即根据缪氏之残本，不详其所据。张守卫：《卢文弨〈新订直斋书录解题〉评述》，《图书馆杂志》2010年第4期。

序,偶缺类目名,则以"□"录之,原书各卷类目上均有校记,注明所对应的大典本的编次。所谓"大典本",实为翻刻殿本,虽未详何地所刻,然以下统称"殿本"编次可也。抄本各卷的篇目,从集部"楚辞类"开始,其后却复列子部诸类目,编次杂猥。今将抄本各篇编次与殿本的对应关系,列表如下:

表2 抄本各篇与殿本对应表

次序	抄本篇目	对应殿本编次
1	《直斋书录解题》卷第"楚辞类"	卷十五"楚辞类"
2	《直斋书录解题》卷第"总集类"	并入十五卷次《楚辞》后
3	《直斋书录解题》卷第一"集类"	卷二十"诗集类"下
4	《直斋书录解题》卷第二□□	卷十九"诗集类"上
5	《直斋书录解题》卷第"别集类"上	卷十六"别集类"上
6	《直斋书录解题》卷第"别集类"中	卷十七"别集类"中
7	《直斋书录解题》卷第"别集类"下	卷十八"别集类"下
8	《直斋书录解题》第"类书类"	并入卷十四,在"杂艺类"之后
9	《直斋书录解题》卷第"杂艺类"	并入卷十四,在"音乐类"之后
10	《直斋书录解题》卷第"音乐类"	作卷十四,以"音乐类"居首
11	《直斋书录解题》卷第"章奏类"	卷二十二"章奏类"

(续表)

次序	抄本篇目	对应殿本编次
12	《直斋书录解题》卷第"歌词类"	卷二十一"歌词类"
13	《直斋书录解题》卷第"文史类"	并入卷二十二次"章奏类"后
14	《直斋书录解题》卷第"神仙类"	卷十二"神仙类"
15	《直斋书录解题》卷第"释氏类"	列卷十二"神仙类"后,不别为卷第
16	《直斋书录解题》卷第"兵书类"	次《释氏》后,不别为卷
17	《直斋书录解题》卷第"历象类"	次《兵象》后,不别为卷
18	《直斋书录解题》卷第"医书类"	卷十三"医书类"
19	《直斋书录解题》卷第"卜筮类"	并入卷十二,《卜筮》次《阴阳家》后,《阴阳家》次《历象》后
20	《直斋书录解题》卷第"形法类"	并入卷十二,次《卜筮》后

(二)补条目及校勘讹舛

在《永乐大典》编纂者抄录该书和四库馆臣辑刊过程中,难免有脱佚讹误处。此抄本正可补殿本脱佚的条目,比如以上缪氏言"与大典本相校,释氏类多二条,杂艺类七条,类书类二条",以上十一条,今复核点校本所录卢校本增补条目,卢氏仅补足十条,尚有类书类一条未补,即下抄本"类书类"篇《赵氏家塾蒙求》二十五卷、《宗室蒙求》三卷"条目后又有:

"《古今政事录》二十卷"条目,注文"知建昌军金陵阎一德撰"。

此条目,诸本皆无,当据补。此抄本可增补殿本的文句甚多,卢氏虽据元抄本补殿本(卢文弨称作"馆本")脱佚的文句,然疏漏尚多,比如:抄本"诗集类"下:

"《剑南诗稿》二十卷、《续稿》六十七卷"条注"初为严州刻前稿",批注:"前"下有"集"字。条注"其幼子子遹复守严州",批注:不重"子"字。

今诸本皆脱"子"字,当据补。又如"诗集类"下:

"《疏寮集》三卷"条注"犹可观也。绍兴壬午生"。

"绍兴壬午生"此五字,诸本皆无,当据补。又如抄本"诗集类"下:

"《渚宫集》三卷"条注"郑毅夫为作序",批注:无"夫"字。

屯蒙集

此"《渚宫集》三卷"为吴僧文莹所撰,宋胡仔《苕溪渔隐丛话前集》即录作"《渚宫集》两卷,郑獬为之序"①。宋晁公武《郡斋读书志》之"别集类"的"郑毅夫《郧溪集》五十卷"条下,即言"右皇朝郑獬,字毅夫,安州人"②。可见此处当作"郑毅夫",抄本不误,诸本皆脱"夫"字,当据补。

抄本"诗集类"上:"《吴兴集》十卷,又名《抒山集》"条目,今诸本皆脱"又名《抒山集》"此五字,当据补。

抄本"别集类"中:"《柳仲涂集》十五卷"条注"傲狠强愎云云",殿本不重"云"字,诸本皆无,当据补。

抄本"别集类"中:"《吕文靖试卷》一卷"条注"国初场屋事场体",殿本"事"下无"场"字,诸本皆无,据文意当补。

抄本"别集类"中:"《宛陵集》六十卷、《外集》十卷"条注"已载前集矣",殿本无"矣"字,诸本皆无,当据补。

抄本"别集类"中:"《蔡忠惠集》三十六卷"条注"自称末族弟",今殿本作"自称族弟",脱"末"字,诸本皆无,当据补。

抄本"杂艺类":"《书史》一卷"条注"礼部员外郎襄阳米芾元

---

① 〔宋〕胡仔:《缁黄杂记》,《苕溪渔隐丛话前集》卷五十七,清乾隆刻本。
② 〔宋〕晁公武撰,孙猛校证:《郡斋读书志校证》,上海:上海古籍出版社,1990年,第994页。

章撰",诸本皆无"襄阳"二字。然陈书卷十七"别集类"中之"《宝晋集》十四卷"条注"礼部员外郎襄阳米芾元章撰",陈氏即详录米芾之爵里,此处不当独脱此二字,当据补。

抄本"释氏类":"《大慧语录》四卷"条注"张魏公浚序之",殿本脱"浚"字,诸本皆无,当据补。

抄本"医书类":"《食治通说》一卷"条注"此上工医治未病之一术也",殿本无"治"字,诸本皆无,当据补。

此抄本还可补订殿本的讹舛。卢校本和点校本皆附校记以正殿本文字,然未尽处甚多。比如:

抄本"别集类"上:"《校定杜工部集》二十二卷"条注"《杂笔》二十九首,别为二卷。李丞相伯纪为之序",殿本"之序"作"序之",诸本无校。据文法,当从抄本"为之序"。

抄本"别集类"上:"《唐太宗集》三卷"条注"《唐文皇帝本集》",殿本作"《太宗皇帝本集》",诸本无校。《天一阁书目》所录引吴郡都穆跋言"《唐文皇帝集》旧四十卷"云云①,则当以抄本所引为确。

抄本"别集类"中:"《李泰伯退居类稿》十二卷、《续稿》八卷、《常语》三卷、《周礼致太平论》十卷、《后集》六卷"条注"所为固未

---

① 〔明〕范钦、〔清〕范邦甸:《天一阁书目》卷四,《续修四库全书》第920册,影印清嘉庆《文选楼丛书》刻本,上海:上海古籍出版社,1995年,第185页。

屯蒙集

足也",殿本作"固为未足也",诸本无校,今《郡斋读书志》①和《文献通考》②所引皆同抄本,当据改。

抄本"别集类"下:"《白蘋集》四卷"条注"庞谦孺佑甫撰",殿本"孺"字作"儒",诸本无校,当以"孺"为确,《文献通考》即引作"孺"字③。

又如抄本"杂艺类":

"《进士彩选》一卷"条目,批注:"彩"作"采"。条注"此元丰末改官制时迁转格例也",批注:"末"作"未"。

殿本作"未"字,诸本无校。据条注文意,当作"末"字为是,马端临《文献通考》即引作"元丰末"④。

---

① 〔宋〕晁公武撰,孙猛校证:《郡斋读书志校证》,上海:上海古籍出版社,1990年,第1201页。
② 〔元〕马端临:《文献通考·经籍考》六十二,北京:中华书局据商务印书馆《十通》本影印,1986年,第1873页。
③ 〔元〕马端临:《文献通考·经籍考》六十六,北京:中华书局据商务印书馆《十通》本影印,1986年,第1900页。
④ 〔元〕马端临:《文献通考·经籍考》五十六,北京:中华书局据商务印书馆《十通》本影印,1986年,第1834页。

（三）留存异文

卢氏据元抄本校录异文不少，点校本也偶出校记；然此抄本未见于两者的异文甚多，以下异文，皆可两通，今择录如下：

抄本"总集类"："《四家诗选》十卷"条注"或亦谓有所扬去"，殿本作"有所抑扬云"，卢校本无校。"有所扬去"似更简洁。

抄本"集类"："《陈留集》一卷"条注"林子功"，殿本作"林子仁"，卢校本作"林敏功"。

抄本"集类"："《景物类要诗》十卷"条注"与其孙垍同登甲科"，殿本"垍"作"壎"，诸本无校。

抄本"别集类"上："《刘蜕拾遗集》十卷"条目，诸本皆录此书作"《文泉子》十卷"，诸本无校。

抄本"别集类"中："《徐常侍集》三十卷"条注"婉微有体"，殿本"微"作"媺"，诸本无校。

抄本"别集类"中："《咸平集》五十一卷"条注"所谓忧治世而危明王者也"，殿本"王"作"主"。条注"顾愿下有司议谥"，殿本无"顾"字，以上诸本无校。

抄本"别集类"中："《书判》一卷"条注"拔萃科之中"，殿本"之中"作"中之"，诸本无校。

抄本"别集类"中："《三苏年表》三卷"条注"叙述颇详"，殿本"颇"作"甚"，诸本无校。

抄本"别集类"下:"《致堂斐然集》三十卷"条注"绍兴初以为从官",殿本"以"作"已",诸本无校。

抄本"类书类":"《补注蒙求》八卷"条注"李澣《蒙求》句",殿本"澣"作"翰",诸本无校。

抄本"杂艺类":"《德隅堂画品》一卷"条注"方叔皆为之评品",殿本作"皆为评品之",诸本无校。抄本"为之评品"似更合文法。

抄本"歌词类":"《女郎谢希孟集》二卷"条注"仕不遇,困穷以卒",批注:"遇"作"偶"。撰者谢希孟是女性,但条注是在介绍谢希孟之兄谢景山的情况,"仕不遇"与"仕不偶"义同。

抄本"歌词类":"《笑笑词集》一卷"条注"亦多有滥次者",殿本"次"作"吹",诸本无校。

抄本"歌词类":"《花翁词》一卷"条注"孙惟信季繁撰",殿本"繁"作"蕃",诸本无校。

抄本"医书类":"《难经》二卷"条注"德用者,嘉祐中人也。序言太医今吕广重编此经",殿本"者"下有"乃"字,诸本无校。

抄本"医书类":"《治病须知》一卷"条注"以为用药之次第",殿本无"为"字,诸本无校。

抄本"医书类":"《孙氏传家秘宝方》三卷"条注"父子皆有医名",殿本"有"作"以",诸本无校。

抄本"卜筮类":"《易林》十六卷"条注"唐会昌景寅越五云溪

王俞序",殿本"景"作"丙",诸本无校(笔者按:"景"通"丙","景科"即"丙科")。

抄本"形法类":"《龙髓经》一卷"至"《二十八禽星图》一卷"条注"多吴炎论,录以见遗",殿本无"论"字,诸本无校。

(四)还原陈书用字

四库馆臣因须避讳,编刊陈书时,径改陈书原文涉及少数民族的称谓及用语。卢校本虽据元抄本却无校记,点校本则以殿本为底本,也无校记。今殿本此类因避讳的改字,皆当回改,以还陈书之本真。比如:

抄本"集类":"《松坡集》七卷、《乐府》一卷"条注"镗使虏执节",殿本"虏"字易"金"。

抄本"别集类"中:"《傅忠肃集》三卷"条注"以吏部郎接伴虏使,虏人入寇,使人不来,为虏驱去斡里布"。殿本上"虏"易"金";次"虏"易"金";下"虏"易"敌"。

抄本"别集类"下:"《吕忠穆集》十五卷"条注"卷末言金人乱华始末甚详","乱华"二字,殿本易作"败盟"。

抄本"别集类"下:"《胡忠献集》六十卷"条注"金虏败盟",殿本"虏"易"人"。

抄本"别集类"下:"《筠溪集》二十四卷"条注"能抗金贼",殿本"贼"易"敌"。

抄本"别集类"下:"《鄱阳集》十卷"条注"皓奉使金虏",殿本"虏"易"国"。

抄本"别集类"下:"《翻经堂集》八卷"条注"尝陷虏,有从之游者",殿本"虏"作"敌"。

抄本"别集类"下:"《石湖集》一百三十六卷"条注"初以起居郎使虏",殿本"虏"易"金"。

抄本"歌词类":"《好庵游戏》一卷"条注"开禧中使入虏廷",殿本"虏廷"改"金国"。

抄本"歌词类":"《萧闲集》六卷"条注"靖之子陷虏者",殿本"虏"改"金"。

抄本"历象类":"《开禧历》三卷、《立成》一卷"条注"当时缘金虏闰月",殿本"虏"改"人"。

以上只撮举其要。至于抄本卷内不少条目的编次与殿本不同,今点校本所录卢校记已详细注明,读者自可复核,不待赘言。

此抄本亦未尽善,比如抄本"楚辞类":"《楚辞集注》八卷、《辨证》二卷"条注"所谓'于臣弃子、怨妻去归'",引文当作"放臣弃子、怨妻去妇"。因属一些明显的抄录误字,兹不具陈。

对校过程中,还发现原抄本缺字漏句不少,而今殿本则无一缺字,馆臣可能已据己意填补,比如抄本"总集类":"《玄真子渔歌碑传集录》一卷"条注"南卓柳宗元所赋通为□□章",缺文处,殿本作"若干"。然殿本全书有"若干"二字者,仅此一处;且据条注上下文意,亦当注具体章数,此处恐馆臣妄增。

点校本虽以殿本为底本,然也偶见径改底本而不出校之处,比如抄本"医书类":"《汤氏婴孩妙诀》二卷"条注"麟之子,尤邃于祖业",殿本"尤"字作"克",无"于"字,殿本即作"克邃祖业"。卢校本和点校本皆无出校,然点校本却径改底本"克"字作"尤"字,作"尤邃祖业"。

三

以下辑录抄本李氏校记,其异文处理的原则如下:

(一)因属过录抄本校记,为保留校记原貌,所有校记悉辑录而不删削。其中所言"大典本",实为《武英殿聚珍版丛书》翻刻本,然因李氏所见殿本未详具体刊刻地,且与笔者复校所用原刊本不同,故以下仍保留"大典本"称呼。

(二)原校记有漏校者,加以增补,增补条文及笔者按语,则以括号方式注于条文或原校记之后,以示彼此的区别。

(三)复校所用《武英殿聚珍版丛书》原刊本《直斋书录解题》简称"殿本";徐小蛮、顾美华点校本《直斋书录解题》简称"点校本"。徐小蛮、顾美华点校本《直斋书录解题》所参校的上海图书馆所藏卢文弨稿本《新订直斋书录解题》和傅增湘《直斋书录解题校记》一文所录卢文弨的校记,详录于各条注之后。因卢氏原书

未刊不易得见,今将徐、顾二氏所录卢氏各校记简称作"卢校本"。

1. 内封面篇目"《直斋书录解题》卷第"后题"楚辞类",批注:大典本作"卷十五"。

2. "《离骚释文》一卷"条注"古本无吕氏",批注:大典本"吕"作"名",疑此误。

3. "《楚辞考异》一卷"条注"又得欧阳永叔、孙莘老、苏子容本于关子东、叶少叶",批注:大典本"叶"作"协"。

4. "《重定楚辞》十六卷、《续楚辞》二十卷、《变离骚》二十卷"条注"新序三篇,述其意甚详",批注:大典本"新"作"所"(笔者按:殿本作"新",不作"所")。

5. "《楚辞集注》八卷《辨证》二卷"条注"序文所谓'于臣弃子、怨妻去归'",批注:大典本"于"作"放","归"作"妇"。

6. "《龙冈楚辞说》五卷"条注"勇于蹄河者",批注:大典本"蹄"作"踦"(笔者按:抄本原作就是"踦"字,此误校)。

7. "《校定楚辞》十卷、《翼骚》一卷、《洛阳九咏》一卷"条注"'佗、傺'者,楚语也",批注:大典本"杰"作"傺"(笔者按:抄本即作"傺",此误校)。"兰、茝、荃、药、蕙、若、蘋、蘅者,楚物也",上批:"芩"作"荃"(笔者按:原抄本即作"荃",此误校),"蘋"作"芷"。

8. "《直斋书录解题》卷第'总集类'"批注:大典本并入十五卷,次《楚辞》后。

9. "《六臣文选》六十卷"条注"俚孺之荒陋者",批注:"孺"作"儒"。

10. "《古文苑》九卷"条注"惟存十九卷尔",批注:"尔"下尚有三十六字,此脱(卢校本详出此条,且校注曰:"馆本此下共多三十六字,绝非直斋语,若陈有《秦汉遗文》,此书内无缘不著。《通考》亦无此一段。"笔者按:此抄本同卢校本)。

11. "《三谢诗》一卷"条注"集谢灵运、惠连、玄辉诗,不知何人所集",批注:大典本脱"诗"字、"所"字,"辉"作"晖"。

12. "《谢氏兰玉集》十卷"条注"吴兴汪闻集",批注:"汪"作"江"(笔者按:今殿本即作"汪")。

13. "《汉上题襟集》三卷"条注"韦瞻",批注:"瞻"作"蟾"。

14. "《松陵集》十卷"条注"唐皮日休、陆龟蒙、吴松唱和也",批注:"松"作"淞","和"下有"诗"字。

15. "《群书丽藻》六十五卷"条注"编为二百六十七门","断续讹铁,不复成书",批注:大典本脱"为"字,"铁"作"缺"(笔者按:殿本有"为"字)。

16. "《洞天集》五卷"条注"汉王贞范集道家仙神、隐逸诗篇",批注:大典本作"神仙"。

17. "《唐文粹》一百卷"条注"铉,太平兴国八年进士第三人",批注:大典本"八"作"三"(笔者按:今殿本即作"八年")。

18. "《唐百家诗选》二十卷"条注"皆不选,意荆公所选,特世

所罕见,其显然在人者,固不待选耶",批注:大典本"不选"作"不在选","在人"作"共知"。

19."《四家诗选》十卷"条注"或亦谓有所扬去",批注:"扬"上有"抑"字(笔者按:卢校本无校,殿本作"有所抑扬云")。

20."《名臣赘种隐君书启》一卷"条注"祥符诸贤所与种放明逸书牍也",批注:"牍"作"启"。

21."《九僧诗》一卷"条注"直昭文馆陈充",批注:"充"大典本作"克",注云:案,《通考》作"充"。

22."《宝刻丛章》三十卷"条注"刻文集为此编",批注:大典本作"刻诗"。

23."《乐府诗集》一百卷"条注"《中兴书目》亦不言其人本末,按"云云,批注:大典无"本末"字,有"今"字。

24."《和陶集》十卷"条注"苏氏兄弟追和,传共注",批注:"传"作"傅"。

25."《汝阴唱和集》一卷"条注"二序皆德麟",批注:大典本"皆"下有"为"字。

26."《三家宫词》三卷"条注"唐王建、蜀花蕊夫人、本朝丞相王珪",批注:大典本"珪"下有"三人所著"四字。

27."《本朝百家诗选》一百卷"条注"太府卿曾慥端伯编",批注:大典本"编"下多"官至太府卿编"六字,误衍。

28."《皇朝文鉴》一百五十卷"条注"中书舍人陈骙缴,论皆不行",批注:大典本"缴"作"驳之"。条注"朱晦庵尝语晚岁学者",批注:大典本作"晚岁尝语学者",此误倒。条注"篇篇有意,吕从子乔年之说云尔",批注:大典本无"吕"下九字,有"每卷首必取一大文字",九字下脱,据《通考》补①(笔者按:此条注"此书江佃类编",殿本同;然卢校本作"江钿",与抄本不同)。

29. "《江西诗派》一百三十七卷、《续派》十三卷"条注"曾纮、曾思父子详诗见诗集类",批注:大典本"详诗"字倒。

30. "《古今绝句》三卷"条注"王介父",批注:"父"作"甫"。

31. "《玄真子渔歌碑传集录》一卷"条注"南卓柳宗元所赋通为□□章",批注:大典本"空白"作"若干"(笔者按:"玄"字无缺笔)。

32. "《唐人绝句诗集》一百卷"条注"其尤不深殁者",批注:"殁"作"考"。

33. "《续百家诗选》二十卷"条注"在恺后者皆取之,然略尤甚",批注:大典本"然"下有"其率"二字。

34. "《吴兴分类诗集》三十卷"条注"且并及近诗诸公之作,然亦病于太祥",批注:"诗"作"时","祥"作"详"。

---

① 殿本"篇篇有意"下,为"每卷首必取一大文字作压卷"云云,下按:"每卷首必取一大文字"以下,原本脱去,今据《文献通考》补。〔宋〕陈振孙著,徐小蛮、顾美华点校:《直斋书录解题》,上海:上海古籍出版社,1987年,第448页。

35. "《会稽掇英集》二十卷、《续集》四十五卷"条注"程孟师相继纂集",批注:大典本作"师孟"。

36. "《天台集》二卷、《别编》一卷、《续集》三卷"条注"林师葳所辑",批注:大典本"葳"作"箴",下同。条注"别绍则师葳之子表民所补也",批注:"编"误作"绍"(笔者按:清丁丙《善本书室藏书志》和《四库全书总目》皆题作"林师葳辑")。

37. "《南州集》十卷"条注"林桶子长集",批注:"桶"作"梢"。

38. "《湘江集》三卷"条注"湘江者,韶州曲江别名",批注:大典本"湘"作"相",下同(此条卢校本"相"作"桢",下同。校注曰:馆本"湘江"是)。

39. "《庾楼纪述》三卷、《琵琶亭集》一卷",批注:大典本无"集"字,作"诗一卷"。

40. "《会稽纪咏》六卷"条注"张淏",批注:"淏"作"浸"(卢校本亦作"张淏",且校注曰:张淏清源居越,故作《会稽续志》,此殆即其人也)。

41. "《萧秋诗集》一卷"条注"未注官而死",批注:"注"作"授"。

42. "《文章正宗》二十卷",批注:大典本此条脱,据《通考》补。

43. "《直斋书录解题》卷第一、《集类》",批注:大典本作卷二十,作"'诗集类'下"。

44."《巴东集》三卷"条注"自择其诗百余首",批注:无"余"字(笔者按:殿本即作"百余首")。

45."《巨鹿东观集》十卷"条注"密学薛田为之序,魏野既没",批注:无"密学"字、"魏"字。

46."《潘逍遥集》一卷"条注"名捕变姓名",批注:"名捕"作"追捕"。

47."《滕工部集》一卷"条注"《实录》载尝为户部判官",批注:大典本"为"作"以","官"下有"为"字。条注"坐军储损折免",批注:"储"作"粮","免"下有"官"字(笔者按:卢校本作"坐军事损折免","储"字作"事")。

48."《书台集》三卷"条注"天僖中",批注:"僖"作"禧"。

49."《钱希白歌诗》二卷"条注"遂克志读书",批注:"克"作"刻"(笔者按:卢校本作"尅")。

50."《和靖集》三卷、《西湖纪逸》一卷"条注"所辑遗文遗事",批注:上"遗"作"逸"(笔者按:今殿本作"遗文逸事")。

51."《药名诗》一卷"条注"司封郎中陈亚撰。咸丰五年进士,有集三卷,此特其一体尔",批注:无"惟扬"二字,"亚"下有"亚之"二字(笔者按:殿本作"司封郎中陈亚亚之撰"。卢校本云"中"下有"惟扬"二字,无后者校记,仍作"陈亚亚之"。该条注"此特其一体尔","此",殿本作"《药名诗》",卢校本有校,此漏

231

校)。

52."《注荆公集》五十卷"条注"李壁",批注:"壁"作"璧"。

53."《注东坡集》四十二卷、《年谱》《目录》各一卷"条注"皆臆决之过也",批注:"也"下大典本多三十九字。

54."《山谷集》三十卷、《外集》十一卷、《别集》二卷"条注"今刊板括苍",批注:"苍"下大典本多二十九字。

55."《后山集》六卷、《外集》五卷"条注"尽弃其学焉",批注:"学"下,大典本有"而学"二字。

56."《海门集》八卷"条注"渤海张仲撰",批注:"仲"作"重"。

57."《庆湖遗老集》九卷、《拾遗》二卷"条注"叶少缊",批注:"缊"作"蕴"。

58."《操缦集》五卷"条注"亦有全集中所为无者",批注:"全"作"前",无"为"字。

59."《得令居士集》三卷"条目,批注:"令"作"全"。条注"其曾孙壁",批注:"壁"作"璧"。

60."《清非集》一卷",批注:"非"作"虚"。

61."《东莱集》二十卷、《外集》二卷"条注"后人亦次其诗入派中",批注:"亦"作"以"(笔者按:殿本作"后人亦以其诗入派中",即"次"字,殿本作"以")。

62."《青溪集》一卷"条注"临川注革",批注:"注"作"汪"。

63. "《李希声集》一卷"条注"秘书丞李铎希声撰",批注:大典本据《通考》增"与徐师川潘邠老同时"。

64. "《陈留集》一卷"条注"林子功",批注:"功"作"仁"。

65. "《曾文清集》十五卷",批注:"茶山"(笔者按:殿本无"茶山"二字,不明此校语所指)。条注"长兄弼为湖北提举学事",批注:"事"作"士"。条注"其子逢退",批注:"退"作"逮"。

66. "《剑南诗稿》二十卷、《续稿》六十七卷"条注"初为严州刻前稿",批注:"前"下有"集"字。条注"其幼子子遹复守严州",批注:不重"子"字。

67. "《雪巢小集》二卷"条注"东鲁林虙景思撰",批注:"虙"作"宪"。条注"不能不□索也",批注:空格"襄"(笔者按:今殿本作"衰")。

68. "《王季夷北海集二卷》"条注"北海王嵎季夷撰。集贤院学士子融之后,沂公之弟,初名皞,著《唐余录》者也。寓居吴兴,绍淳间知名于时。三子申、田、汉皆登科",批注:大典本"撰"下作"绍淳间名士,寓居吴兴,陆务观与之厚善。三子甲、田、申皆登科",与此异(笔者按:卢校本有校此条,且校注曰"初"字衍,"寓"当作"嵎")。

69. "《景物类要诗》十卷"条注"与其孙埍同登甲科",批注:"埍"作"壎"。

70. "《松坡集》七卷、《乐府》一卷"条注"锭使虏执节",批

注:"虏"易"金"。

71."《梅山诗稿》六卷、《续稿》十五卷",批注:大典本作五卷(笔者按:卢校本亦作《续稿》十五卷)。

72."《曾忱父诗词》一卷"条注"知台州曾惇忱父撰",批注:"惇"作"悼",避讳也。

73."《疏寮集》三卷"条注"犹可观也。绍兴壬午生",批注:"绍"下五字,大典本无。

74."《徐照集》三卷"条注"自号天民",批注:"天"作"山"。

75."《磬沼集》一卷"条注"磬沼者为池",批注:"磬"作"磬"(笔者按:原本即作"磬",殿本亦作"磬",并无不同,此误校)。

76."《栀林集》十卷"条注"家皆富川",批注:无"皆"字。

77."《花翁集》一卷"条注"开封孙惟信、季蕃撰",批注:"蘩"作"蕃"。

78."《惠崇集》十卷"条注"与潘良同时",批注:"良"作"阆"。

79."《天竺灵苑集》三卷、《采遗》一卷"条注"所谓式忏主也",批注:"主"下有"者"字。

80."《渚宫集》三卷"条注"郑毅夫为作序",批注:无"夫"字。

81."《物外集》三卷"条注"僧德洪范撰",批注:"洪"下有"觉"字。

82."《瀑泉集》十三卷",批注:"三"作"二"。

83."《女郎谢希孟集》二卷"条注"仕不遇",批注:"遇"作"偶"。

84."《处士女王安之集》一卷"条注"拔欧公所序谢希孟为比",批注:"拔"作"援"。

85."《直斋书录解题》卷第二",批注:大典本作"卷十九'诗集类'上"。

86. 无条目,注文"唐礼部员外郎丹阳陶翰撰",批注:据大典本,自首至《陶翰集》一卷"全脱(笔者按:"自首"即从殿本此卷首条至此。卢校亦言"有元本,多脱漏")。

87."《秦隐君集》一卷",批注:"《岑嘉州集》"一条脱。

88. 无条目,注文"'水田飞白鹭,夏木啭黄鹂'之句",批注:"《李嘉祐集》"一条不全(笔者按:缺条目,注文脱"唐台州刺史李嘉祐从一撰。天宝七载进士,亦号《台阁集》。李肇称其")。

89."《皇甫冉集》一卷"条注"与其弟曾齐名",批注:大典本"名"下有"有独孤及序"五字。

90."《郎士元集》一卷"条注"选畿县官",批注:"官"下大典本有"肃宗诏"三字。

91."《包何集》一卷"条注"与第佶齐名",批注:"第"作"弟"。

92."《包佶集》一卷"条注"天宝六载进士,兄何后一年",批

注:脱"唐秘书监包佶撰"七字。

93. "《包佶集》一卷",批注:脱"《钱考功集》"一条。

94. 无条目,注文"唐中书舍人韩翃君平撰,翃天宝十三年进士",批注:脱"《韩翃集》五卷"五字,无"撰"下"翃"字,"年"作"载"。

95. "《耿㵉集》一卷",批注:脱"《韦苏州集》"一条。

96. 无条目,注文"李端撰,大历五年进士",批注:"李端"一条脱文。

97. 无条目,注文"纶与吉中孚、钱起、□□、司空曙",批注:"卢纶"一条脱文。

98. "《李益集》二卷"条注"'散灰扃户'之谈",批注:"谈"作"说"。条注"旧所载",批注:"旧"下有"史"字。

99. "《朱放集》一卷"条注"襄州人,□□剡谿",批注:"剡"上脱"隐居"二字。

100. "《朱放集》一卷",批注:《朱湾》一条脱文,以下《张司业集》全脱(笔者按:《朱湾集》一条作"□□一卷",注文全脱。《朱湾集》至《张司业集》间共有五条,全脱)。

101. 无条目,注文仅有"司马□□□□撰,建长于乐府,与张籍相□□,大历十年进士也",批注:《王建集》脱文。

102. "《卢仝集》三卷"条注"庆历中有韩益者为之序",批注:"益"作"盈"。

103."《□少尹集》五卷"条注"□河南少尹","韩退之有送杨少□□",批注:《杨少尹》一条脱文。

104."《窦拾遗集》一卷"条注"窦叔向撰","群、牟、庠、巩,皆其子也",批注:"淑"作"叔","群"下有"常"字(笔者按:原本即抄作"叔"字,此误校)。

105."《贾长江集》十卷"条注"贾岛浪仙撰",批注:"浪"作"阆"。条注"初举进士",批注:"初"下有"服"字。条注"别侯殊科",批注:"侯"作"俟"。条注"与传所称,飞谤不同",批注:"飞"作"诽"。条注"薄尉",批注:"薄"作"簿",下同。

106."《姚少监集》十卷"条注"元崇之孙也。元和十二年进士,尝为杭州刺史,川本卷数同,编次异",批注:"元"字之下有"曾"字,"二"作"一","史"下有"开成末终秘书监"七字。

107."《殷尧藩集》一卷"条注"元和九年进士",批注:"九"作"元"(笔者按:殿本亦作"元和元年",下按《唐书》作元和九年进士")。

108."《雍裕之集》一卷"条注"未详何人",批注:"何"下有"时"字。

109."《张南史集》一卷"条注"张南史撰",批注:"史"下有"季直"二字。

110."《刘驾集》一卷",批注:《张祜集》以下至《津阳门》全脱。

237

111."《崔涂集》一卷"条注"唐崔涂礼仙撰",批注:"仙"作"山"。

112."《周贺集》一卷"条注"尝为僧,名清寒,后反初故。又号《清塞集》",批注:"寒"作"塞","故"作"复"(笔者按:此条殿本作"尝为僧,名清塞,后反初服","故"作"服")。

113."《唐风集》三卷"条注"唐元华山人",批注:"元"作"九"。

114."《裴说集》一卷"条注"非全集也",批注:"也"下有"其诗有'避乱一身多'之句"七字(笔者按:此处有"十字"而非"七字")。

115."《于武陵集》一卷,邺",批注:无"邺"字。"《陈光集》一卷,子昂",批注:无"子昂"二字。条注"以上皆唐人,莫详出处",批注:大典本"莫"上有"余"字,又据《通考》于上补"于武陵,大中进士"七字。

116."《熊皎屠龙集》一卷"条注"熊皎撰",批注:"皎"作"皦",下同。

117."《吴兴集》十卷,又名《抒山集》",批注:"顾非熊"一条全脱,又下五字无。条注"又尝居杼山寺主妙喜",批注:"主妙喜"三字无(笔者按:今殿本即无"又名《抒山集》"五字,仅作"《吴兴集》一卷",卷数与此不符)。

118."《尚颜供奉集》一卷"条注"皆唐僧。自贯休而下,尽唐末人也。脩睦死于惟扬朱瑾之难",批注:无"自"字及"脩"下十字(卢校本此下有"脩睦死于惟扬朱瑾之难")。

119."《薛涛集》一卷"条注"薛涛撰",批注:"撰"下有"字洪度"三字。

120."《直斋书录解题》卷第'别集类'上"批注:大典本作"卷十六"。

121."《宋玉集》一卷"条注"盖皆屈原之弟子也",批注:无"屈"字。

122."《蔡中郎集》十卷"条注"好事者编他人之文",批注:"编"上有"杂"字。

123."《陈思王集》二十卷"条注"《艺文类聚》诸类书中",批注:"诸"下无"书"字(笔者按:批注误,"书"当是"类",殿本作"《类聚》诸书中",无"类"字)。

124."《陈孔璋集》十卷"条注"自王粲而下才六人",批注:"才"作"纔"。

125."《张司空集》三卷"条注"策、祝、哀、诔",批注:"策"作"祭"。

126."《陶靖节集》十卷、《年谱》一卷、《年谱证》一卷、《杂记》一卷",批注:大典本脱"集十卷"三字(笔者按:底本《年谱证》,殿本作《年谱辨证》)。

127."《鲍参军集》十卷"条注"世多云鲍照",批注:"云鲍"

239

下,大典本作"昭"。

128."《唐太宗集》三卷"条注"唐文皇帝本集",批注:大典本作"太宗皇帝"。

129."《陈拾遗集》十卷"条注"县令段间贪暴,取货弗厌,致之狱以死。年才四十二",批注:大典本"间"作"简","才"作"财"。

130."《王右丞集》十卷"条注"离后表为清源寺",批注:"离"作"维"。

131."《李翰林集》三十卷"条注"广汉李白太白撰",批注:大典本无"太白"二字。

132."《校定杜工部集》二十二卷"条注"杂笔二十九首,别为二卷。李丞相伯纪为之序",批注:大典本"笔"作"著","之序"作"序之"。

133."《贾幼几集》十卷"条注"文有十卷者,有序",批注:"文"作"又"。

134."《元次山集》十卷"条注"唐客管经略使",批注:"客"作"容"。

135."《颜鲁公集》十五卷、《补遗》一卷、《附录》一卷"条注"留元刚刻于永嘉",批注:"留"作"刘"。条注"与其弟纶祥",批注:"纶"大典本作"伦",《通考》作"纶"。

136."《高常侍集》十卷"条注"工部杜子美所善也。豪杰之士,亦何所往而不能哉",批注:大典本无"杜"字,"哉"作"也"。

137."《梁补阙集》二十卷"条注"所与及弟者","师从释氏何哉",批注:大典本"弟"作"第","氏"下有"者"字。

138."《权丞相集》五十卷"条注"不在此集录内,今未之见",批注:大典本无"录"字。

139."《裴晋公集》二卷"条注"唐宰相河东裴度撰",批注:大典本"度"下有"中立"二字。

140."《欧阳行周集》五卷"条注"不得以为实也",批注:大典本"也"下尚有五十三字。

141."《白集年谱》一卷"条注"守中录寄之",批注:"中"大典本作"忠"。

142."《吕衡州集》十卷"条注"与实群、羊士谔昵比",批注:"实"作"窦"。

143."《李甘文集》一卷"条注"杜牧所为赋诗也",批注:大典本"诗"下有"者也"。

144."《刘蜕拾遗集》十卷",批注:大典本作"《文泉子》十卷"(笔者按:诸本皆作"《文泉子》十卷")。

145."《一鸣集》一卷",批注:大典本"十"作"一"。条注"虞卿司空图",批注:大典本"卿"作"乡"。

146."《笠泽丛书蜀本》七卷",批注:大典本作"十七卷"。

147."《投知小录》三卷"条注"田令孜客",批注:大典本无

"客"字(笔者按:殿本有"客"字)。

148."《直斋书录解题》卷第'别集类'中"批注:大典本作"卷十七"。

149."《徐常侍集》三十卷"条注"婉微有体",批注:大典本"微"作"嫩"。

150."《咸平集》五十一卷",批注:大典本无"一"字(笔者按:今殿本作"五十一卷")。条注"所谓忧治世而危明王者也",批注:大典本"王"作"主"。条注"奏议十二篇",批注:"篇"下据《通考》增"即东坡所序"五字。条注"顾愿下有司议谥",批注:大典本无"顾"字。

151."《柳仲涂集》十五卷"条注"傲狠强愎云云",批注:大典本不重"云"字。

152."《穆参军集》三卷"条注"《太极图》亦脩所传脩于陈抟、种放者",批注:大典本"传"下无"脩"字。

153."《武夷集》二十卷、《别集》十二卷"条注"条次十年新笔而序之",批注:大典本"新"作"诗"。

154."《吕文靖试卷》一卷"条注"国初场屋事场体",批注:大典本"事"下无"场"字。

155."《范文正集》二十卷、《别集》四卷"条注"祥符八年进士曰朱说者",批注:"曰"字不衍(笔者按:殿本亦有"曰"字)。

156."《宛陵集》六十卷、《外集》十卷"条注"已载前集矣",

批注:大典本无"矣"字。

157."《书判》一卷"条注"拔萃科之中",批注:大典本"之中"作"中之"。

158."《宋元宪集》四十四卷"条注"本名郊,序伯庠",批注:"序伯"作"字伯"。

159."《宋景文集》一百卷"条注"谓第不可以先兄",批注:"谓"下"第"作"弟"。条注"所传撰《唐书》列传,不称良史",批注:"史"下大典本据《通考》补百十五字。

160."《李泰伯退居类稿》十二卷、《续稿》八卷、《常语》三卷、《周礼致太平论》十卷、《后集》六卷"条注"所为固未足也","籍手见古人矣",批注:大典本作"固为未足也","籍"作"藉"。

161."《蔡忠惠集》三十六卷"条注"自称末族弟",批注:大典本作"自称族弟"。

162."《元章简玉堂集》二十卷"条注"德昭父曰仔倡,兵败",批注:大典本作"倡聚众保乡里,兵败"(笔者按:卢校本有出此条,且校注云"'兵败'馆本作'聚众保乡里',与新《通考》同,旧《通考》亦是'兵败'")。

163."《三苏年表》三卷"条注"叙述颇详",批注:大典本"颇"作"甚"。

164."《濂溪集》七卷"条注"周敦颐茂叔",批注:大典本"叔"下有"撰"字。

屯蒙集

165."《伊川集》九卷"条注"程颐正文叔撰",批注:无"文"字。

166."《河南程氏文集》十二卷"条注"二程共为一集,建宁所刊本",批注:"刊"作"刻"。

167."《元丰类稿》五十卷、《续》四十卷、《年谱》一卷"条注"开禧己丑",批注:"己"作"乙"(笔者按:当作"乙",开禧年号无"己丑")。

168."《清江三孔集》四十卷"条注"周益公必大为之序",批注:"序"下大典本据《通考》补九十字。

169."《西塘集》二十卷"条注"后之君子可以监矣",批注:"监"作"鉴"。

170."《范忠宣集》二十卷"条注"长纯佑尤悛",批注:"悛"作"俊"。

171."《豫章别集》二十卷"条注"盖其显显者也",批注:大典本无"盖"字。

172."《济南集》二十卷"条注"年生漫说古战场",批注:"年"作"平"。

173."《豫章集》四十四卷、《宛丘集》七十五卷、《后山集》二十卷、《淮海集》四十六卷、《济北集》七十卷、《济南集》二十卷"条注"蜀本中刊本,号《苏门六君子集》",批注:大典本无"本中"二字。

174. "《田承君集》三卷"条注"太宗正丞",批注:"太"作"大"。

175. "《崇福集》三十五卷、《四六集》十五卷"条注"坡走庭",批注:"走"下有"下"字。

176. "《宝晋集》十四卷"条注"故号宝晋斋",批注:"斋"下大典本多二十字。

177. "《玉池集》十二卷"条注"愤思撰",批注:大典本"愤"作"慎"(笔者按:宋晁公武《郡斋读书志》作"邓忠臣字谨思",《文献通考》作"慎思")。

178. "《龙云集》三十二卷、《附录》一卷"条注"龙云,安福县乡名,禽所",批注:"所"下有"居也"二字。

179. "《东观余论》二卷"条注"四十而死",批注:"死"作"卒"。

180. "《青溪集》十卷,《附录》一卷",批注:"青"作"清"。

181. "《傅忠肃集》三卷"条注"以吏部郎接伴虏使,虏人入寇,使人不来,为敌驱去斡里布",批注:大典本上"虏"易"金",次"虏"易"金",下"虏"易"敌"(笔者按:此为四库馆臣因讳改字,点校本仍之,当回改)。

182. "《直斋书录解题》卷第'别集类'下",批注:大典本作"卷十八"。

183. "《初寮集》四十卷、《后集》十卷、《内外制》二十四卷"

245

条注"曰名泣涕,告于上",批注:"曰名"大典本作"日夕"。

184."《吕忠穆集》十五卷"条注"卷末言金人乱华始末其详",批注:"乱华"大典本易"败盟"。

185."《云龛草堂后集》二十六卷"条注"第瀚在翰林",批注:"第"作"弟"。

186."《胡忠献集》六十卷"条注"金虏败盟",批注:大典本"虏"易"人"。条注"亦见集中",批注:大典本依《通考》增"谥忠献"三字。

187."《张章简华阳集》四十卷"条注"复与秦隙,遂引等",批注:"等"作"年"。

188."《筼谿集》二十四卷"条注"能抗金贼",批注:大典本"贼"易"敌"。

189."《鄱阳集》十卷"条注"皓奉使金虏",批注:"虏"易"国"。

190."《雪谿集略》八卷",批注:"雪"作"云"(笔者按:殿本也作"雪"字,此误校)。条注"其父莘乐道",批注:"莘"作"萃"。条注"诏亲秩史官",批注:"新"作"视"(笔者按:原书作"亲",校者误作"新"字)。

191."《致堂斐然集》三十卷"条注"绍兴初以为从官",批注:"以"作"已"。

192."《五峰集》五卷"条注"胡宏仲仁撰",批注:"仲仁"作

"仁仲"。条注"别本不分录卷",批注:无"录"字。

193."《韦斋小集》十二卷"条注"文公之父也",批注:"也"下,大典本据《通考》增五十五字。

194."《翻经堂集》八卷"条注"知盱台军东平毕良史少董撰",批注:"台"作"眙"。条注"尝陷虏",批注:"虏"作"敌"。

195."《岩壑老人诗文》一卷"条注"秦桧之孙埙",批注:"埙"作"壎"。

196."《岳武穆集》十卷"条注"枢副",批注:"枢副"作"枢密副使"。

197."《汉滨集》六十卷"条注"王之望赡叔撰",批注:"赡"作"瞻"。

198."《玉山翰林词草》五卷"条注"本名详,御笔改赐",批注:"详"作"洋"。

199."《白蘋集》四卷"条注"庞谦孺祐甫撰",批注:"孺"作"儒"。

200."《艇斋杂著》一卷"条注"其子潍所集《师交尺牍》",批注:"交"作"友"。

201."《浮山集》十六卷"条注"其训词尔略曰",批注:"尔"在"曰"字下。

202."《小丑集》十二卷、《续集》三卷"条注"从臣申先之子",批注:无"申"字(笔者按:殿本有"申"字)。

203. "《霜杰集》三十卷"条注"彦章为序",批注:"为"下有"作"字。

204. "《石湖集》一百三十六卷"条注"初以起居郎使虏",批注:大典本"虏"易"金"。

205. "《渭南集》三十卷"条注"阜陵以为反覆斥远",批注:"覆"作"复"。条注"幼为曾吉父所当识",批注:"当"作"赏"。

206. "《盘洲集》八十卷"条注"尝一帅越,闲居十六年而终",批注:大典本无"更"字(笔者按:原书无"更"字,此误校)。

207. "《诚斋集》一百三十三卷"条注"不食而死",批注:"死"下大典本据《通考》增五十字。

208. "《济溪老人遗稿》一卷"条注"省句'籍甚人言《易》已东'",批注:"省"作"首"。

209. "《归愚集》二十卷"条注"史化召用",批注:"史"作"更"。

210. "《象山集》二十八卷、《外集》四卷"条注"乾淳阁名士也",批注:"阁"作"间"。

211. "《小山杂著》八卷",批注:大典本在《东江》后。

212. "《刘汝一进卷》十卷"条注"度尝应大科,比其所业也",批注:"比"作"此"。

213. "《鼎论》三卷、《时义》一卷",批注:"义"作"仪"。条注"任为都司知漳州",批注:"任"作"仕"。

214. "《洽述》十卷"条注"此当是别一郑湜",批注:"是别"作"别是"。

215. "《闺秀集》二卷"条注"括苍祝玑,为部使者",批注:"玑"下再有"玑"字。

216. "《直斋书录解题》第'类书类'"篇目上,批注:大典本并入卷十四,在"杂艺类"之后。

217. "《六帖》三十卷"条注"一名六帖",批注:"帖"下大典本多二十五字。

218. "《蒙求》三卷"条注"唐李瀚撰",批注:"瀚"作"翰"。

219. "《戚苑英华》十卷"条注"唐仙居令袁说撰",批注:"说"作"悦"。

220. "《太平御览》一千卷"条注"以《御览》所引用书名故也",批注:无"用"字(笔者按:殿本有"用"字)。

221. "《类要》七十六卷"条注"岂并自录为七十七耶",批注:"自"作"目"。

222. "《书叙指南》二十卷"后有"《实宾录》三十卷、《后集》三十卷"条目,注"高邮马永易明叟撰,蜀人句龙材校正,文彪增广。其三十卷者,本书也。义取'名者实之宾'为名",批注:大典本无此条。

223. "《海录碎事》三十卷",批注:"十"下有"三"字。

224. "《皇朝事实类苑》六十三卷",批注:作"二十六卷"。

225. "《补注蒙求》八卷"条注"李瀚《蒙求》句",批注:"瀚"作"翰"。

226. "《群书类句》十四卷"条注"三山叶仪凤撰,以《群书》为《新语》",批注:无"仪"字、"为"字。

227. "《汉隽》十卷"条注"括苍林钺撰,以《西汉书》,分类为五十篇",批注:"钺"作"越","五十"作"十五"。

228. "《文选双字类要》三卷"条注"以类集",批注:"类"下有"集"字(笔者按:殿本作"以类编集",当云"类"下有"编"字)。

229. "《帝王经世图谱》十卷"条注"兵农、王震",批注:"震"作"霸"。

230. "《赵氏家塾蒙求》二十五卷、《宗室蒙求》三卷"后又有"《古今政事录》二十卷"条目,注文"知建昌军金陵阎一德撰"(笔者按:此条殿本无,点校本亦无,当据补)。

231. "《直斋书录解题》卷第'杂艺类'",批注:大典本并入卷十四,在"音乐类"之后。

232. "《九镜射经》一卷"条注"《制弓矢法》二篇",批注:"二"作"三"。

233. "《书后品》一卷"后出"《法书要录》十卷"条目,批注:此条大典本次《绛帖评》后,"书"作"帖"。

234. "《金壶记》一卷"后出"《飞白叙录》一卷"条目,批注:大典本次《法帖要录》后。

235．"《书史》一卷"条注"礼部员外郎襄阳米芾元章撰"，批注：无"襄阳"二字。

236．"《绛帖评》二十卷"，批注：大典本作"一卷"。

237．"《兰亭博议》十五卷"条注"又尝为《西湖纯逸》"，批注："纯"作"纪"。

238．"《兰亭考》十三卷"条注"似孙主为删改，书去此二篇"，批注：无"书"字（笔者按：今殿本作《兰亭考》十二卷）。

239．"《书苑菁华》二十卷"条注"临安书肆陈思者集刻"，批注：无"刻"字。

240．"《书苑菁华》二十卷"后出"《筭经》三卷"（夏侯阳撰）、"《筭经》三卷"（张丘建撰）、"《应用筭法》一卷"三条目，于上"《筭经》三卷"条目批注云：以下三条，大典本收《续文房四谱》后。条注"大抵乘除法也，《隋志》二卷、《唐》一卷"，批注：无"也"字，"唐"下有"志"字。

241．"《唐朝画断》一卷"条注"唐翰林学士朱景元撰"，批注：大典本据《通考》，增"一名《唐朝名画录》"等二十九字，无后《唐朝名画录》一条。

242．"《唐朝画断》一卷"后出"《唐朝名画录》一卷"条目，条注"即《画断》也。前有目录，后有天圣三年商宗儒后序，与前本大同小异"（笔者按：殿本无此条）。

243．"《圣朝名画评》一卷"后出"《山水受笔法》一卷"条目，

批注:大典本在《益州名画录》后。

244.“《益州名画录》三卷"条注"江夏黄休复归本撰,《中兴书目》以为李畋撰","其为休复所录甚明","未知题李畋者",批注:大典本无"江夏""归本"四字,二"畋"字均作"略","甚明"作"明甚"。

245.“《德隅堂画品》一卷"条注"方叔皆为之评品",批注:大典本"之"在"品"下。

246.“《林泉高致集》一卷"条注"徽猷阁待制",批注:"徽"上有"直"字。条注"曰《画记》《画训》《画意》",批注:无"画记"二字。

247.“《画继》十卷"条注"邓春公寿撰",批注:"春"作"椿"。

248.“《砚史》一卷"后出"《北海公砚录》一卷"条目,条注"唐询彦猷撰,专以青州红丝石为贵",批注:此条大典本无。

249.“《香严三昧》一卷"后出"《南蕃香录》一卷"条目,条注"知泉州叶廷珪撰",批注:此条大典本无。

250.“《茶谱》一卷"后出"《北苑茶录》三卷"条目,条注"三司户部判官吴郡丁谓之撰。咸平中进",其后又出"《茶录》一卷"条目,条注"右正言修起居注莆田蔡襄君谟撰。皇祐中进",于"《北苑茶录》三卷"条目上批注:以下三条大典本无(笔者按:经与殿本核对,乃以下"二条"非"三条")。

251.“《补茶经》一卷"后出"《东溪试茶录》一卷"条目,条注

"宋子安撰",其后又出"《北苑总录》十二卷"条目,条注"兴化军判官曾伉录《茶经》诸书,而益以诗歌二卷",于"《东溪试茶录》一卷"条目上批注:以下二条大典本无。

252."《宣和北苑贡茶录》一卷"后出"《北苑别录》一卷"条目,条注"赵汝砺撰",其后又出"《品茶要录》一卷"条目,条注"建安黄儒道父撰。元祐中,东坡尝跋其后"(笔者按:以上两条,殿本无,点校本据卢校本补入)。

253."《北苑别录》一卷",批注:以下二条大典本无。

254."《北山酒经》三卷"条注"太隐翁撰",批注:"太"作"大"。

255."《北山酒经》三卷"后出"《鼎录》一卷"条目,条注"梁中书侍郎虞荔纂",其后又出"《古今刀剑录》一卷"条目,条注"梁陶弘景撰",于"《鼎录》一卷"条目上批注:以下二条大典本无。

256."《浸铜要略》一卷"条注"盖瞻水浸铁成铜之始。甲,参政子公之祖也",批注:"瞻"作"胆","也"字无。

257."《三象戏图》一卷"条注"汲阳成师仲编",批注:"汲"作"汲"。

258."《进士彩选》一卷",批注:"彩"作"采"。条注"此元丰末改官制时迁转格例也",批注:"末"作"未"(笔者按:当作"末",见《文献通考》所引)。

259."《直斋书录解题》卷第'音乐类'",批注:大典本作"卷

十四",以"音乐类"居首。

260. "《乐府杂录》一卷"条注"唐国子司业段安节撰",其后出"《琵琶录》一卷"条目,条注"段安节撰",其后又出"《羯鼓录》一卷"条目,条注"唐婺州刺史南卓撰",于"《乐府杂录》一卷"条目上批:以下三条,大典本无,据《通考》补,《羯鼓录》《琵琶录》二条,次《琴谱》十六卷后,《琵琶录》作《琵琶故事》,无《乐府杂录》。

261. "《乐书》二百卷"条注"未免于无秽也",批注:"无"作"芜"。

262. "《直斋书录解题》卷第'章奏类'",批注:大典本作"卷二十二"。

263. "《范文正奏议》二卷",批注:大典本"正"下有"公"字。

264. "《南台谏垣集》二卷"条注"参政信安赵抃说道撰",批注:大典本"说"作"阅"。

265. "《陈正献议》二十卷、《表札》二十卷",批注:大典本"议"上有"奏"字。

266. "《齐斋奏议》三十卷、《掖垣缴论》四卷、《银台奏章》五卷、《台谏论》二卷、《昆命元龟说》一卷",批注:大典本"奏章"作"章奏"。

267. "《直斋书录解题》卷第'歌词类'",批注:大典本作"卷二十一"。

268. "《张子野词》一卷"条注"非吴中之子野也。别又有诗集",批注:大典本无"别"下五字。

269. "《六一词》一卷"条注"仇人无名子所为",批注:大典本"为"下有"也"字。

270. "《东坡词》二卷"条注"岂不见此跋耶",批注:大典本无"跋"字,"耶"下有"今坡词多有刊去此篇者"十字(笔者按:今殿本作"见此跋耶",有"跋"字)。

271. "《逃禅集》一卷"条注"世所传'江西墨梅'即其人也",批注:"梅"作"杨"。

272. "《退斋词》一卷"条注"则观元年也",批注:大典本"则"下有"大"字。

273. "《烘堂集》一卷",批注:大典本"烘"作"哄"。

274. "《好庵游戏》一卷"条注"开禧中使入虏廷",批注:大典本"虏廷"改"金国"。

275. "《笑笑词集》一卷"条注"亦多有滥次者",批注:大典本"次"作"吹"。

276. "《萧闲集》六卷"条注"靖之子陷虏者",批注:"虏"改"金"。

277. "《花翁词》一卷"条注"孙惟信季繁撰",批注:"繁"作"蕃"(笔者按:《文献通考》亦作"季繁")。

278. "《直斋书录解题》卷第'文史类'",批注:大典本并入卷二十二次"章奏类"后。

279. "《风骚旨格》一卷",批注:"旨"作"指"。

280. "《璃琉堂墨客图》一卷",批注:大典本作"琉璃"。

281. "《杨氏笔苑句图》一卷、《续》一卷",批注:此条起至《吟窗杂录》止,大典本次司马光《续诗话》后。条注"唐彦谦之句多为",批注:"为多"倒(笔者按:"《杨氏笔苑句图》一卷、《续》一卷"条目后依次为"《惠崇句图》一卷""《孔中丞句图》一卷""《杂句图》一卷""《吟窗杂录》三十卷")。

282. "《吟窗杂录》三十卷"后出"《唐诗主客图》一卷"条目,批注:大典本此条次《御选句图》后。

283. "《林和静句图》一卷",批注:"静"作"靖",下有"摘"字。

284. "《续诗话》一卷"条注"司马光撰,以续欧公也",批注:大典本无"以"下五字。

285. "《续诗话》一卷"后出"《刘贡父诗话》一卷"条目,批注:大典本次《吟窗杂录》后。

286. "《后山诗话》一卷",批注:以下据大典本脱《潜溪诗眼》至《四六经》共七条(笔者按:殿本作"《后山诗话》二卷",《四六经》作《四六话》)。

287. 无条目,条注仅有"朝宰数邑。著此书十五篇,叙唐以来诗赋源流。天禧辛酉邓贺为序",批注:大典本此条作"《宾朋宴话》三卷,太子中舍致仕贵溪邱昶孟阳撰。南唐进士归朝",下同。

次《艇斋诗话》后。

288."《环溪诗话》一卷",批注:大典本至此条止。

289."《环溪诗话》一卷"后出"《韵语阳秋》二十卷"条目,批注:此条至《选诗句图》,大典本次《四六话》后。

290."《直斋书录解题》卷第'神仙类'",批注:大典本作"卷十二"。

291."《金碧古文龙虎上经》一卷"条注"本无金碧序",批注:大典本"序"作"字"。

292."《钟吕传道记》三卷"条注"施肩吾撰",批注:"撰"下有"叙"字。

293."《巨胜歌》一卷"后出"《百章集》一卷"条目,批注:大典本在《逍遥子》后(笔者按:《逍遥子》即《逍遥子通元书》三卷)。

294."《金碧上经古文龙虎传》"条注"名已见释氏、道家类",批注:"名"作"右"(笔者按:"名"殿本作"各")。

295."《直斋书录解题》卷第'释氏类'",批注:大典本列"神仙家"后,不别为卷第(笔者按:"神仙家"当作"神仙类")。

296."《罗汉因果识见颂》一卷"条注"得于僧舍,《藏经》所未录者,十六罗汉为比丘摩挐罗",批注:"僧"作"传","挐"作"挈","罗"下有"等说"二字。后脱《六祖坛经》《宗门统要》二条。

297.无条目,条注"太子少傅晁迥撰",批注:大典本前有

"《法葳碎金》十卷"六字。

298. "《华严合论法相撮要》一卷"条注"撮要其义,手稿为图",批注:"要其"作"其要"。

299. "《道院集要》三卷"条注"王右撰",批注:上有脱文,闽本、大典本模糊,俟别考(笔者按:《道院集要》三卷上有"《林间录》十四卷,惠洪撰"一条,殿本无,李氏校记漏校)。

300. "《大慧语录》四卷"条注"张魏公浚序之",批注:大典本无"浚"字。

301. "《禅宗颂古联珠集》十卷",批注:大典本次《道院集要》后,下有《嘉泰普灯录》《雪峰广录》二条,此脱。

302. "《龙牙和尚颂》一卷",批注:大典本无七字。

303. "《直斋书录解题》卷第'兵书类'",批注:大典本次《释氏》后,不别为卷。

304. "《风后握奇经》一卷"条注"多发明,并写阵图于后",批注:"多"下有"所"字。

305. "《三朝经武圣略》十五卷"条注"宝元中上进",批注:"上"作"十"(笔者按:殿本即作"上进")。

306. "《直斋书录解题》卷第'历象类'",批注:大典本不别为卷,次《兵象》后。

307. "《古今通占》三十卷"条注"唐嵩高潜天沛国武密撰",批注:大典本"天"作"夫"。

308. "《唐大衍历议》十卷"条注"曰《卦侯》、曰《卦》",批注:"曰《卦侯》"下,大典本作"曰《卦议》"。

309. "《崇天历》一卷"条注"详见《三朝史志》",批注:大典本"志"下多二十六字。

310. "《纪元历》三卷、《立成》一卷"条注"此二历近得之蜀人秦九韶道古,故存之",批注:大典本"存之"下多三十一字。

311. "《统元历》一卷"条注"历家不以为工",批注:大典本"工"下多十五字。

312. "《会元历》一卷"条注"此其最后者,胜前远矣",批注:大典本"矣"下多十五字。

313. "《统元历》一卷"条注"则为俚俗",批注:大典本"俗"下有"宁宗庆元统天"六字。

314. "《开禧历》三卷、《立成》一卷"条注"至今攽历",批注:"攽"作"颁"。条注"当时缘金虏闰月",批注:"虏"改"人"。

315. "《直斋书录解题》卷第'医书类'",批注:大典本作"卷十三"。

316. "《难经》二卷"条注"《唐志》遂属之越人,皆不可考",批注:大典本作"遂题云秦越人"。条注"德用者,嘉祐中人也。序言太医今吕广重编此经",批注:"者"下有"乃"字,"今"作"令"。

317. "《脉诀机要》三卷"条注"晋太医今高平王叔和撰",批注:"今"作"令"。

318."《食治通说》一卷"条注"临安药肆'金药臼'者也",批注:无"也"字。条注"此上工医治未病之一术也",批注:无"治"字。

319."《治病须知》一卷"条注"以为用药之次第",批注:无"为"字。

320."《孙氏传家祕宝方》三卷"条注"父子皆有医名",批注:"有"作"以"。条注"兆自言为思邈之后",批注:"后"下大典本多十四字。

321."《钱氏小儿药证真诀》三卷"条注"大梁阎孝忠集","孝忠亦颇附以已说",批注:两"孝"字,大典本皆作"季"。

322."《伤寒救俗方》一卷"条注"民俗感巫,不信药,因以药施人",批注:"感"作"惑","因"作"罗"。

323."《本草单方》三十五卷"条注"凡四千二百六方","百"下有"有"字。

324."《备总效方》四十卷",批注:"备"下有"急"字。

325."《汤氏婴孩妙诀》二卷"条注"麟之子,尤邃于祖业",批注:"尤"作"克",无"于"字。

326."《刘涓子神仙遗论》十卷"条注"《中兴目》引《崇文总目》",批注:"兴"下有"书"字。

327."《直斋书录解题》卷第'卜筮类'",批注:大典本并入十二卷,《卜筮》次《阴阳家》后,《阴阳家》次《历象》后。

328."《易林》十六卷"条注"唐会昌景寅越五云谿王俞序,凡千九十六卦",批注:"景"作"丙","千"上有"四"字(笔者按:"景"通"丙","景科"即"丙科"。《汉书·匡衡传》"衡射策甲科,以不应令除为太常掌故,调补平原文学",颜师古注:"《儒林传》说岁课甲科为郎中,乙科为太子舍人,景科补文学掌故。"王先谦《补注》引周寿昌曰"'景科'即'丙科',颜在唐时讳丙也。《儒林传》自作'丙科'")。

329."《揲蓍古法》一卷",批注:以下大典本有"《蓍卦辨疑序》三卷"云云一条。

330."《直斋书录解题》卷第'形法类'",批注:大典本并入卷十二,次《卜筮》后。

331."《八五经》一卷"条注"余受郭公囊书有数篇",批注:无"有"字。

332."《二十八禽星图》一卷"条注"多吴炎论,录以见遗",批注:无"论"字(笔者按:今殿本、卢校本、点校本皆无"论"字)。

333."《诸家相书》五卷"条注"知莆田县昭武黄庚毅夫撰集",批注:大典本"庚"作"康",《通考》作"庚"(笔者按:"黄庚",殿本作"黄唐")。